영상콘텐츠 경제경영론

나남신서 1775

영상콘텐츠 경제경영론

2014년 9월 15일 발행
2014년 9월 15일 1쇄

지은이_ 유세경 · 김종하 · 김 숙
발행자_ 趙相浩
발행처_ (주) 나남
주소_ 413-120 경기도 파주시
　　　회동길 193
전화_ (031) 955-4601(代)
FAX_ (031) 955-4555
등록_ 제 1-71호(1979.5.12)
홈페이지_ http://www.nanam.net
전자우편_ post@nanam.net

ISBN 978-89-300-8775-9
ISBN 978-89-300-8001-9(세트)

나남신서 1775

영상콘텐츠 경제경영론

유세경 · 김종하 · 김 숙

2012년 7월 15일 가수 싸이가 〈강남 스타일〉 뮤직 비디오를 유튜브에 업로드한 지 52일 만에 조회 수 1억 건을 돌파하였다. 이후 〈강남 스타일〉은 미국 빌보드차트 전체 부문 2위, 영국과 중국의 팝 차트 1위를 차지하는 등 전 세계인의 관심을 집중시켰다. 〈강남 스타일〉의 성공은 가수 싸이 개인에게 부와 명성을 가져다주는 데 그치지 않고, '대한민국'이라는 국가 브랜드 인지도 상승에 기여하면서 우리나라 경제에도 긍정적인 영향을 미쳤다. 한국콘텐츠진흥원은 2012년 〈강남 스타일〉을 비롯한 한류 콘텐츠가 세계적인 인기를 얻음으로써 발생한 경제적 가치가 7조 5천억 원에 이를 것이라고 밝혔다. 이제 영상문화 콘텐츠 산업의 경쟁력은 국가 경쟁력을 가늠하는 중요한 척도가 된 것이다.

1990년대 이후 디지털매체 기술의 발전으로 전 세계를 연결하는 글로벌 미디어 시대가 도래하면서 영상콘텐츠 시장은 글로벌화되고, 산업의 규모 또한 커지고 있다. 영상콘텐츠는 많이 소비될수록 이익이 기하급수적으로 증가하는 규모의 경제를 추구하기 때문에, 미국과 영국 등 영상문화 콘텐츠 산업 선진국들은 일찌감치 정부 주도로 탈규제, 다매체 정책을 실시하면서 영상산업의 글로벌화를 이끌었다. 우리나라도 1990년대 중반 이후 다매체, 다채널 정책을 추진하면서 본격적으로 방송·영상콘텐츠 산업을 키워왔다. 1995년 케이블 방송이 도입된 이후 위성방송, 인터넷 방송, DMB, IPTV 등이 순차적으로 도입되면서 우리나라 영상콘텐츠 시장이 급속히 확대되었다. 시장의 확대는 자본, 기술력, 인력을 끌어들이는 동인이 되었고, 이를 통해 경쟁력 있는 영상콘텐츠를 제작하고 서비스하면서 우리나라 영상콘텐츠 산업이 발전하는 데 중요한 역할을 하였다.

미디어 환경이 변화되고 영상콘텐츠 산업이 발전하면서 영상콘텐츠에 대한 시각도 변화되었다. 영상콘텐츠는 그 나라의 정서·사상·가치 등을 반영하는 문화재(文化財)로 인식되면서, 경제적 수익성보다는 공공성이 중시되기도 했다. 그러나 다채널화, 글로벌화로 인하여 영상콘텐츠는 경제적 수익을 창출하는 경제재(經濟財)로서 주목받기 시작하였다. '경제적 수익을 극대화하기 위해 어떠한 자원을 어느 방식으로 투입하여 영상콘텐츠를 제작할 것인가?', '누구를 대상으로 제작하고, 어느 매체를 통해 배급할 것인가?' 등, 영상콘텐츠 산업을 효율적으로 운용하기 위한 경제·경영학적 원리가 중요한 문제로 대두되었다. 미디어 경제학이나 미디어 경영학이 학문적으로 관심을 받기 시작한 때도 다채널 시대가 본격화된 1990년 이후부터였다. 대표적인 미디어 경제학 학술지인 *Journal of Media Economics*가 1988년 처음으로 출간되었으나 초기에는 연 2회 출간되었고, 정기적으로 출간되기 시작한 것은 1990년대 중반 이후부터였다. 우리나라에서도 다매체, 다채널 시대가 본격화되기 시작한 2000년대에 들어서 미디어 경제·경영학 연구가 학자들의 관심을 받기 시작하였다. 2000년대 초반 대학에 영상콘텐츠 산업, 정책, 경영에 대한 강의가 개설되었고, 미디어 산업, 경영, 정책 등을 체계적으로 연구하기 위한 '한국미디어경영학회'도 2002년 9월에 창립되었다.

필자도 1996년부터 '방송편성경제학'이라는 과목을 대학원에서 처음 강의하면서 미디어 경제학 연구에 관심을 갖기 시작하였고, 2004년부터는 학부에 '방송경영편성론' 과목을 처음으로 개설하여 미디어 경제·경영에 대해 강의하였다. 이후 '영상미디어경영론'이라는 과목으로 이름을 바꾸어 영상콘텐츠 산업 전반의 비즈니스 원리에 대해 강의하기 시작하였다. 필자가 '영상미디어경영론' 과목을 중시하게 된 이유는 '영상콘텐츠' 전문가가 되기 위해서는 영상콘텐츠의 기획·제작뿐만 아니라, 영상콘텐츠 산업의 범주, 영상콘텐츠의 경제적 특성, 영상콘텐츠 시장과 경쟁, 영상콘텐츠의 소비자 특성, 영상콘텐츠의 배급·유통 등 영상콘텐츠 경제·경영 원리에 대해 폭넓게 알아야 하기 때문이다.

강의하면서 가장 어려웠던 것은 마땅한 교재가 없었다는 점이다. 미디어 산업, 정책, 미디어 경제학, 마케팅원론 등 관련 분야의 책이나 논문 등을 발췌하여 리딩패킷으로 만들어 수업 교재로 활용하였는데,

영상콘텐츠 경제·경영 원리를 처음 접하는 학부생들이 이해하기에는 어려운 내용들이 많았다. 특히 경제학, 마케팅, 경영학에서 사용된 개념과 용어들이 영상콘텐츠 산업에 그대로 적용되다보니 쉽게 설명되지 않는 부분도 있었고, 외국 미디어기업이나 영상콘텐츠에 대한 사례가 많아 외국의 미디어 환경을 잘 모르는 학생들이 이해하기 어려운 부분도 있었다.

이러한 이유에서 필자와 이 분야 연구를 수년간 공동으로 수행했던 김종하, 김숙 박사와 함께 '영상콘텐츠 경제경영론' 책을 저술하게 되었다. 필자들은 학부생의 눈높이에 맞추어 영상콘텐츠 경제·경영 원리를 쉽게 설명하는 것을 목표로 하였고, 이를 위해 학생들이 필수적으로 알아야 할 개념들과 이론을 선별하여 9개의 장으로 나누어 공동으로 저술하였다. 세 명의 저자가 각자 맡은 장을 개별적으로 저술하였으나, 자료를 같이 모으고 각 장마다 들어가야 할 내용들에 대해 논의함으로써 전체적으로 내용의 수준을 맞추었다. 이 분야 강의를 위한 전공서가 많지 않기 때문에 이 책이 영상콘텐츠 경제·경영 원리를 공부하고자 하는 학생들에게 많은 도움을 줄 수 있기를 기대한다.

끝으로 이 책의 출간을 위해 애써주신 분들에게 감사를 표하고 싶다. '영상콘텐츠 경제경영론'을 저술하자는 제안에 흔쾌히 동참해준 김종하, 김숙 박사에게 깊은 감사를 보낸다. 이들과 같이 저술함으로써 책의 내용이 다양해지고 깊어졌으며, 정보의 유용성이 커졌다. 또한 필자들의 원고를 정리하고 편집하는 데 많은 수고를 한 이화여대 언론홍보영상학 박사과정생 조은영, 책을 출간하기까지 많은 수고를 해주신 나남출판사 여러분께도 깊은 감사의 말을 전한다.

2014년 9월
이화여대 포스코관 연구실에서
유 세 경

나남신서 · 1775

영상콘텐츠 경제경영론

차 례

제 1 장

글로벌 미디어 시대의
영상콘텐츠 비즈니스

디지털매체 기술발전으로 인해 전 세계의 매체 인프라가 확대되고 영상콘텐츠 소비시장이 확대되면서 영상콘텐츠는 경제적 가치가 중시되는 경제재로서 주목받게 되었다. 때문에 영상콘텐츠를 연구함에 있어서도 문화적인 시각보다는 경제적인 시각을 중시하는 영상콘텐츠 산업의 경제·경영 원리가 주요 학문으로 대두되었다. 이 원리의 핵심은 영상콘텐츠에 대한 소비자들의 욕구와 필요를 충족시키고 영상콘텐츠라는 재화의 경제적 가치를 극대화하기 위해, 한정된 자원을 어떠한 방식으로 활용하고 분배해야 하는가이다.

1. 매체 기술의 발달과 글로벌 미디어 시대의 도래

한국의 대중문화에 대한 선호현상을 일컫는 한류(寒流)가 언제부터 시작되었는지 정확히는 알 수 없으나, 대체적으로 1997년 드라마 〈사랑이 뭐길래〉가 중국에서 크게 인기를 얻으면서, 〈중국청년보〉(中國靑年報)에서 한국 드라마에 대한 중국인들의 선호현상을 일컬으며 처음 쓴 용어로 알려졌다. 이후 드라마뿐만 아니라 오락프로그램과 영화 등 다양한 한국 영상콘텐츠가 아시아 지역에 수출되었고, 점차 한류는 전 세계로 확산되었다. 아시아지역을 중심으로 드라마와 영화가 주로 수출되었던 한류 1기와 2기를 거쳐, 현재는 한국의 대중음악인 K-POP이 한류 3.0 시대를 이끌고 있다. 한국을 대표하는 아이돌 그룹의 뮤직비디오가 온라인매체를 통해 빠르게 확산되면서, K-POP 열풍은 아시아를 넘어 유럽, 미국 지역까지 확산되고 있다. 2012년 7월 15일 가수 싸이가 〈강남 스타일〉 뮤직비디오를 유튜브에 업로드한 지 2일 만에 조회수 1억 건을 돌파하면서 전 세계인의 관심을 집중시킬 수 있었던 것도 뮤직비디오가 온라인으로 빠르게 유통되었기 때문이다.

한류의 확산은 한국 대중문화의 수출 이상의 의미를 가진다. 고정민 등(2005)은 '한류 확산단계' 모델을 통해 한국 대중문화가 인기를 얻음으로써 드라마 촬영지 관광, 캐릭터 상품, 스타와 직접 연계된 상품 등 관련 파생상품의 구매가 촉진되고, 한국에 대한 이미지가 긍정적으로 형성되면서 한국 상품의 구매, 한국 선호로 이어질 수 있다고 예측하였다. 실제로 한국콘텐츠진흥원(2013a; 2014)의 통계조사에 따르면,

2012년의 우리나라 콘텐츠 수출액은 46억 1,151만 달러로 역대 최고의 매출을 올렸을 뿐만 아니라 〈강남스타일〉을 비롯한 한류 콘텐츠의 세계적 확산으로 '대한민국'이라는 국가 브랜드가 상승하면서 7조 5천억 원 가치의 경제적 파급효과를 거두었다고 밝혔다. 이제 영상콘텐츠의 경쟁력이 국가 경쟁력을 결정짓는 '글로벌 미디어 시대'가 본격화된 것이다.

2000년대 이후 한국의 영상콘텐츠가 전 세계적으로 확산될 수 있었던 배경으로 여러 가지를 언급할 수 있으나, 가장 중요한 배경 중 하나는 커뮤니케이션 기술의 발달로 인해 글로벌 미디어 시장이 구현되었다는 것이다. 전 세계가 인터넷이나 위성을 이용하여 신속하게 콘텐츠를 배급할 수 있게 되어, 국가 간 영상콘텐츠의 교류가 활발해졌다. 〈강남 스타일〉의 경우도 디지털매체인 인터넷과 소셜 미디어를 통해 전 세계로 빠르게 확산되었기 때문에 단시일 내에 세계적으로 큰 인기를 얻을 수 있었다. 과거에는 영상콘텐츠가 마스터 테이프나 CD/DVD 등의 오프라인 형태로 해외에 유통되었기 때문에 전 세계로 유통되기까지 많은 시간이 필요하였고, 오프라인 매체에 대한 각국의 규제정책[1]으로 인해 확산에 어려움이 있었다. 그러나 현재는 위성이나 인터넷매체를 통

---

1 중국의 경우 규제기관인 광전총국(國家廣播電影電視總局)에서 해외 영화나 TV 드라마 수입에 대해 수입량뿐만 아니라 영화의 내용, 방영시간도 규제하기 때문에 극장이나 텔레비전에서 해외 영상물을 시청하는 것이 더욱 어려워지고 있다. 중국 문화산업 연구기관인 이언컨설트(藝恩諮詢)에서 발간한 〈2011년 중국 네티즌 오락지수 보고서〉에 의하면 중국 소비자들은 한국 영화를 비롯한 외국 영화를 인터넷매체인 온라인 VOD 사이트를 통해 주로 시청한다고 밝혔다.

해 전 세계 소비자가 손쉽게 한류 콘텐츠에 접근하고 소비할 수 있게 되었다. 또한, 유튜브, 페이스북과 같은 소셜 미디어를 통해 관심 있는 영상콘텐츠를 이용자들이 서로 공유할 수 있게 됨으로써, 콘텐츠의 소비가 개인적인 수준에서 머무르지 않고 사회적인 소비로 확산될 수 있게 되었다. 이와 같이 디지털매체 기술의 발전은 시공간의 장벽을 파괴하면서 전 세계의 소비자가 하나의 시장에서 동일한 영상콘텐츠를 동시에 소비할 수 있는 글로벌 미디어 시대를 구현하였다.

2. 영상콘텐츠 시장의 글로벌화와 산업의 성장

글로벌 미디어 시대의 개막은 영상콘텐츠 산업의 글로벌화를 촉진시켰다. 디지털매체 기술발전으로 인해 전 세계 국가의 매체 인프라가 확대되고 영상콘텐츠 소비시장 또한 확대되면서 국가 간 영상콘텐츠의 교류가 활발해지고, 이는 영상콘텐츠 산업의 급속한 발전으로 이어졌다.

한국콘텐츠진흥원(2013b)의 보고에 따르면 전 세계 콘텐츠의 시장규모는 2010년 1조 6천억 달러를 기록하였고, 매년 성장하여 2017년에는 2조 3천억 달러에 이를 것으로 예측하고 있다. 특히 만화, 게임, 영화, 방송, 광고 등 영상콘텐츠가 콘텐츠 시장의 90% 정도를 차지하여 영상콘텐츠 산업의 주요성이 더욱 부각되고 있다. 때문에 미국, 영국, 중국, 일본 등은 자국의 영상산업 경쟁력을 강화하기 위한 다양한 정책을 실시하였고, 가장 중요한 정책으로 다매체 정책을 추진하였다. 우리나라도 1995년 케이블 방송 도입 이후 위성·인터넷 등 디지털매체를 순차적으로 도입하여, 2000년대 이후에는 수십 개의 채널을 수신할 수 있는 다매체 환경을 구축하였다. 다매체 정책에 따라 우리나라 영상콘텐츠 시장의 규모도 매년 평균 10% 정도씩 성장하여, 2008년에는 방송 영상콘텐츠 매출규모가 9조 원을 기록하였고, 2012년에는 14조 원대로 빠르게 증가하여 그 경쟁력을 인정받고 있다(한국콘텐츠진흥원, 2013c).[2]

---

2 방송 영상콘텐츠 매출액 규모는 2012년 지상파 방송, 유선 방송, 위성방송, 방송채널

<표 1-1> 세계 콘텐츠 시장규모 및 전망 (2010~2017)

(단위: 십억 달러)

구분	2010	2011	2012p	2013	2014	2015	2016	2017	2012-2017 연평균 증감률
출판	350	349	347	347	347	348	350	351	0.2%
만화[1]	9	9	9	9	9	9	9	9	-0.6%
음악	50	50	50	50	51	52	53	54	1.5%
게임	59	62	63	68	73	78	83	87	6.5%
영화	88	87	89	90	93	96	100	106	3.6%
애니메이션[2]	17	15	17	18	19	20	21	22	5.0%
방송	385	401	417	435	455	474	496	515	4.3%
광고[3]	435	453	470	491	515	539	567	595	4.8%
캐릭터라이선스	146	150	153	161	169	177	187	197	5.2%
지식정보	477	527	580	635	694	756	818	879	8.7%
합계	1,626	1,712	1,794	1,894	2,003	2,114	2,234	2,352	5.6%

1 만화 시장규모는 출판 시장규모에도 포함되어 있어, 합계에서는 중복되는 부분을 제외한다.

2 애니메이션 시장규모는 영화, 방송 시장규모에도 포함되어 있어, 합계에서는 중복되는 부분은 제 외한다.

3 광고 시장규모는 온라인TV 광고, 온라인라디오 광고, 디지털뉴스 광고, 디지털매거진 광고, 디지 털트레이드매거진 광고, 디지털디렉토리 광고가 인터넷광고 시장규모에 포함되어 있어 합계에서 는 중복되는 부분을 제외한다.

출처 한국콘텐츠진흥원(2013b), 《2013 해외콘텐츠진흥원 동향조사》 (총괄편), 18쪽.

사용사업, 인터넷영상물제공업 등 5개 분야 방송사업 수익과 방송영상물제작업의 매 출을 합한 것으로, 2012년 총 매출 규모는 14조 1,824억 원이다(한국콘텐츠진흥원, 2013c, 64쪽.).

1) 미시경제학적 접근을 통한 영상산업 발전정책

각국이 다매체 정책을 실시하는 이유는 자국의 영상콘텐츠 시장을 확대하여 영상산업을 발전시키기 위함이다. 미시경제학적 접근을 통해 영상산업을 발전을 꾀하는 경제적 이론은 미국의 미디어 경제학자 월드만(Wildman), 시웩(Siwek), 워터맨(Waterman) 등에 의해 주장되었다. 월드만(Wildman, 1994)은 "영상콘텐츠 교역의 일방향성과 영상콘텐츠 생산의 경제적 효율성"(*One-way flows and the economics of audience making*)이라는 논문을 통해 자국의 영상시장 규모가 클수록 영상콘텐츠 제작에 돈을 많이 투자할 수 있어 영상시장의 규모가 작은 국가에서 제작한 콘텐츠에 비해 경쟁력이 크고, 이에 따라 영상콘텐츠의 교역은 큰 국가에서 작은 국가로 일방향적으로 흐르게 된다고 설명하였다. 때문에 전 세계 시장에서 경쟁력을 얻기 위해서는 우선적으로 자국 영상시장의 규모를 키워야 한다고 주장하였다.

영상시장의 규모와 영상콘텐츠 산업의 경쟁력 관계를 이해하기 위해서는 우선적으로 '사유재'(私有財)와 '공공재'(公共財)의 개념을 구별하여야 하고 영상콘텐츠라는 재화의 속성을 파악하여야 한다. 사유재는 자동차, 옷, 빵과 같은 일반적 재화로, 한 사람이 소비함으로써 다른 사람의 소비에 영향을 미치는 재화를 말한다. 반면 공공재는 한 개인의 소비가 다른 사람의 소비나 소비로 얻어지는 효용가치를 감소시키지 않는 재화를 의미하는 것으로, 영상콘텐츠가 여기에 해당한다. 예를 들어 한 사람이 드라마 〈대장금〉을 시청하였다고 하더라도 다른 사람이 〈대장금〉을 시청하는 데 있어 아무런 영향을 미치지 않을 뿐만 아니라 시청한

후 얻는 효용가치에도 영향을 미치지 않는다. 물론 영상콘텐츠는 사유재와 공공재 두 가지 속성을 모두 갖기도 한다. 예를 들어 〈대장금〉이라는 드라마가 DVD로 출시되는 경우 DVD는 사유재로, 한 사람의 소비가 다른 사람의 소비에 영향을 미친다. 그러나 DVD에 담긴 내용물인 〈대장금〉이라는 콘텐츠는 많은 사람이 시청하여도 그 내용이 닳거나 없어지지 않는 공공재의 성격을 갖는다. 때문에 영상콘텐츠는 콘텐츠가 어떤 미디어에 의해 담기어 소비자에 전달되느냐에 따라 공공재의 성격이 강화되기도 하고 사유재의 성격이 더 많이 나타나기도 한다. 이 것이 지상파 방송, 케이블 방송, IPTV 등 영상콘텐츠가 공공재의 차원에서 다르게 취급되는 이유이다. 그러나 대체적으로 영상콘텐츠는 유통과 소비에 있어서 공공재의 성격이 더 중요하게 작용된다. 즉, 하나의 영화나 드라마가 전 세계에 있는 많은 사람들에게 유통될 경우 한 사람의 소비행위가 다른 소비자들의 소비행위나 효용가치에 영향을 미치지 않기 때문에 방송사나 영상콘텐츠 제작자들은 수익을 극대화하기 위해 더 많은 소비자들에게 영상콘텐츠를 유통시키려고 노력한다.

이러한 공공재적 특성으로 인해 영상콘텐츠 산업은 규모의 경제를 추구하게 된다.[3] 즉, 영상콘텐츠를 제작함에 있어 많은 재원을 투자하여 규모를 키우고 소비를 늘림으로써 이윤을 추구하고자 하는 것이다. 특히 영상콘텐츠의 속성상 많은 재정을 투입한 콘텐츠가 적은 재정을 투입한 콘텐츠에 비해 경쟁력을 갖게 되기 때문에 영상콘텐츠 산업은 대규모화를 추구하게 된다.[4] 물론 적은 제작비로 우수한 콘텐츠를 생

---

3 규모의 경제에 대해서는 제2장 '영상콘텐츠 산업의 이해'에서 자세히 다루었다.

산하고 많은 소비자들을 끌어들인 예도 많다. 그러나 보편적으로 많은 제작비를 투자하여야 좋은 감독·배우·작가와 작업을 하고, 수준 높은 기술을 활용함으로써 우수한 영상콘텐츠를 만들 수 있다. 때문에 제작비를 투자함에 있어 손익분기점을 미리 계산해서 최대한의 제작비를 투자하여야 하는데, 매체가 많을수록 콘텐츠가 거두어들이는 수익이 커지므로 많은 제작비를 투자하여도 손익분기점을 맞출 수 있다. 때문에 각 국가는 자국의 영상콘텐츠 시장의 크기를 키워 영상콘텐츠의 투자를 이끌어냄으로써 경쟁력을 확보하는 정책을 추구하는 것이다.

우리나라도 1995년 케이블 방송이 개국하기 이전에는 지상파 4개 채널만이 영상콘텐츠를 전달하였기 때문에 국내 방송사는 소규모로 운영될 수밖에 없었다. 지상파 방송사가 드라마를 제작할 경우 방송사는 방송을 통해 조달할 수 있는 광고판매 수익이 수입의 대부분이기 때문에 이를 초과하여 제작할 수 없었다. 때문에 1990년대 초반까지만 하여도 지상파 방송사의 편당 드라마 제작비는 3천만 원 정도였다(권호영 외, 1996).[5] 그러나 케이블 방송에 이어서 위성방송이 개국하고 드라마를 전달할 수 있는 매체가 늘어나면서 드라마시장 규모가 커졌다. 지상파 단일 매체에 제공되던 드라마가 시간차를 두고 케이블TV와 위성방송, IPTV, 인터넷, 스마트폰 등 다양한 플랫폼을 통해 송출되면서 부가수

---

4 Stephen Lacy(1992) 등의 재정투입이론에서는 재정이 많이 투입될수록 콘텐츠의 경쟁력이 강화된다고 주장한다.

5 〈1994 MBC 경영분석 보고서〉 125쪽에 제시된 MBC 드라마의 표준제작비는 10분당 495만 원으로, 이를 60분 드라마로 환산하면 드라마 한 편당 제작비가 3천만 원 정도이다(권호영 외, 1996, 44쪽 재인용).

익을 창출하게 되고, 드라마시장의 규모를 확대시킨 것이다. 때문에 드라마 제작자나 방송사는 첫 번째 방송에서 제작비를 회수하지 못하더라도 2차, 3차 창구를 통해 드라마를 방송하면서 제작비를 회수할 수 있게 됨에 따라 제작비를 더 많이 투입할 수 있게 되고, 이는 드라마의 경쟁력을 강화하는 발판을 제공하였다. 물론 한국 드라마가 경쟁력을 강화하게 된 데에는 다른 요인들이 있을 수 있으나 다매체 도입으로 인한 드라마시장 규모 확대가 드라마산업을 발전시키는 견인차 역할을 했음은 부인할 수 없다.

3. 영상콘텐츠 산업의 발전과 새로운 학문적 시각 대두

영상콘텐츠 산업이 발전하면서 영상콘텐츠는 문화재(文化財)이면서 중요한 경제재(經濟財)로서 기능하기 시작하였다. 대표적인 영상콘텐츠인 드라마, 영화, 다큐멘터리 같은 방송프로그램은 그 나라의 정서, 사상, 가치 등을 반영하는 문화재로 인식되면서 프로그램을 제작함에 있어 문화적·공공적인 측면이 가장 중시되었다. 그러나 이후 글로벌 미디어 기술의 발전과 함께 영상콘텐츠의 소비시장이 확대되고 영상콘텐츠가 창출하는 경제가치가 증대하면서, 경제재로서 주목받게 된 것이다. 영상콘텐츠의 경제적 가치가 증대하면서 영상콘텐츠를 연구함에 있어서도 문화적인 시각보다는 경제적인 시각을 중시하는 미디어 경제·경영 원리가 주요 학문으로 대두되었다.

1) 영상콘텐츠, 문화재에서 경제재로

영상미디어 경제·경영이라는 새로운 학문적 시각이 주목받기 시작한 데는 영상콘텐츠에 대한 시각이 문화재에서 경제재로 전환된 것에서 기인하는데, 전환배경은 크게 다음의 3가지로 정리할 수 있다.

첫째, 커뮤니케이션 기술의 발달로 인해 다채널이 본격화되면서 전파의 희소성·공익성 개념이 약화되고, 케이블, 위성, 인터넷 방송 등 유료서비스를 포함한 다양한 종류의 방송서비스가 등장하였기 때문이다. 다매체 환경에서 소비자들은 자신들의 필요와 욕구에 따라 시간이

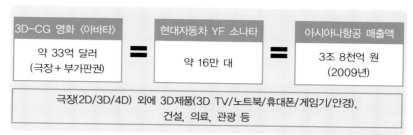

〈그림 1-1〉 영화 〈아바타〉의 경제적 가치

문화체육관광부(2010), 〈창조산업 코리아 2010: 콘텐츠·미디어·제조·서비스의 상생발전 전략〉, 1쪽.

나 돈을 투자하여 콘텐츠를 소비하게 되고, 자신이 투자한 자원에 대한 효용가치를 극대화하고자 한다. 때문에 영상콘텐츠 사업자들뿐만 아니라 소비자들도 영상콘텐츠의 생산과 유통에 있어 경제적 효용가치를 중시하게 되었다.

둘째, 커뮤니케이션 기술의 발달로 인한 정부정책의 변화이다. 전 세계를 시장권역으로 하는 글로벌 미디어가 탄생하고 영상시장이 국내 시장에서 세계시장으로 확대되면서 영상산업이 국가의 경제에서 차지하는 비중이 커지자, 각국은 영상산업을 키우기 위해 탈규제 정책을 실시하였다. 과거 방송 영상콘텐츠가 국민의 삶과 정서에 미치는 영향이 크기 때문에 많은 국가들은 이에 대해 정책적으로 엄격하게 규제하였다. 대표적인 규제로 영상매체의 소유를 일정 비율로 유지하는 소유 규제, 방송·통신·신문 등 콘텐츠 기업들이 서로 합병할 수 없도록 하는 진입 규제 등 다양한 규제가 있었다. 그러나 1990년 초반 미국의 빌 클린턴 정부가 전 세계를 하나로 연결하는 전 세계 정보고속도로(*Global In-formation Superhighway*) 구축을 주장했다. 이에 따라 소유 규제, 진입 규제를 철폐하거나 완화하는 탈규제 정책을 실시하면서 미디어 기업 간 인수 합병이 이루어지고 거대 기업들이 탄생하였다. 미국의 정책변화에 위협을 느낀 영국, 프랑스, 일본 등의 국가들도 자국의 영상산업을 키우기 위해 탈규제 정책으로 노선을 변경하였고, 우리나라도 1992년 김영삼 정부가 방송산업의 중요성을 인식하면서 탈규제 정책으로 전환하였다.

셋째, 탈규제 정책에 따른 영상콘텐츠 산업의 대규모화이다. 영상콘텐츠의 경우 공공재적 특성으로 인하여 시장이 넓어질수록 평균단가가 하락하여 규모의 경제를 실현하게 된다. 즉, 영상콘텐츠는 수요가 아무리 증가하여도 추가로 드는 비용은 복사비용과 기본적인 배포비용에 지나지 않기 때문에 시장이 커질수록 한계비용이 0에 가까워진다. 때문에 자국시장을 넘어서서 전 세계 시장을 겨냥하여 영상콘텐츠를 제작하는 글로벌 영상콘텐츠 기업들이 탄생하였다. 글로벌 영상콘텐츠 기업들은 이윤을 극대화하기 위해 수직적·수평적 통합을 추구하면서 거대 콘텐츠 기업으로 탈바꿈하고 있다. 다양한 콘텐츠를 제작하는 기업들을 통합 소유함으로써 세계 시장을 공략하는 데 있어 우위를 점할 수 있기 때문이다. 이러한 거대 글로벌 미디어 기업들은 전 세계 시청자들이 즐길 수 있는 보편적 정서와 감성을 추구하며 소비자들이 쉽게 소비할 수 있는 영화, 드라마 등 엔터테인먼트 콘텐츠를 주로 생산하기 때문에 상업화되는 경향이 강하다.

〈표 1-2〉 5대 글로벌 콘텐츠 기업

그룹명 지상파	케이블/위성 (일부)	영화	출판	기타
News Corp				
FOX	폭스뉴스, FX, 스피드채널, 내셔널지오그래픽, BSkyB(위성)	20세기 폭스	월스트리트저널, 뉴욕포스트, 더 썬	IGN 엔터테인먼트 (게임)
Time Warner				
–	타임워너케이블, HBO, TBS, TNT, CNN, 카툰네트워크	워너브라더스	타임	워너브라더스 인터렉티브 엔터테인먼트(게임)
Disney				
ABC	디즈니채널, ESPN, ABC 패밀리, A&E 텔레비전네트웍스	마블스튜디오, 픽사애니메이션 스튜디오	히페리온북스, 부에나비스타 메거진	디즈니 인터렉티브 게임즈(게임)
Comcast				
NBC	티! 엔터테인먼트 텔레비전, 더 스타일 네트워크, 골프채널, TV One	유니버설 스튜디오	–	컴캐스트 인터렉티브 미디어 (인터넷, 게임)
Viacom				
–	MTV, VH1, 니켈로디언, 코메디센트럴(50% 지분 소유), BET 네트웍스	파라마운트 픽쳐스	니켈로디언 메거진	페이머스 뮤직(음악), 니켈로디언 게임 그룹(게임)

한국방송통신전파진흥원 · 한국콘텐츠진흥원(2013d), 《동향과 전망: 방송 · 통신 · 전파》, 제63호, 8쪽 재인용.

2) 영상콘텐츠 경제/경영 원리의 대두

1990년대 이후 영상콘텐츠에 대한 시각이 문화재에서 경제재로 전환되면서 '영상콘텐츠 경제·경영원리'라는 새로운 학문의 중요성이 대두되었다. 대표적인 미디어 경제학자인 피카드(Picard, 1989/1992)는 경제학은 '사람들의 욕구와 필요를 충족시키기 위해 한정된 자원을 어떠한 방식으로 가장 효율적으로 분배하는가'를 탐구하는 학문으로, 경제학의 원리를 영상콘텐츠 산업에 적용시켜야 한다고 주장하였다. 과거 지상파 채널이 영상콘텐츠를 전달하는 유일한 수단이었던 소수채널 시대를 보자. 전파는 희소할 뿐만 아니라 공공재이기 때문에 영상미디어 산업을 운용함에 있어 경제학적으로 접근하기보다는 공공의 가치를 중시하는 분배의 형평성, 분배 정의에 중점을 두었고 영상콘텐츠 역시 공공재의 영역에서 접근하는 것이 타당하였다. 그러나 1990년대 이후 커뮤니케이션 기술의 발전으로 지상파, 케이블, 위성, 통신망 등 다양한 매체로 콘텐츠를 전달할 수 있게 되었기 때문에 경제적 효용가치를 중시하여야 한다는 것이다. 그는 다채널 시대가 본격화된 1990년대 이후 영상콘텐츠 기업 운영에 있어, ① 무슨 제품과 서비스를 생산할 것인가? ② 해당 제품과 서비스를 어떠한 방식으로 생산할 것인가? ③ 누가 제품과 서비스를 소비할 것인가? 라는 3대 경제적 문제가 대두되었다. 이 문제들을 해결하기 위해 첫째, 일정한 비용으로 최대의 효과를 실현하는 최대 효과의 법칙, 둘째, 일정한 효과를 최소의 비용으로 달성하는 최소 비용의 법칙, 셋째, 비용과 효과가 모두 유동적일 때 효과와 비용의 차이를 최대화하는 최대 잉여의 원칙이라는 3대 경제원칙을 적용하여야 한다고 주장하였다. 그러나 영상콘텐츠라는 재화는 자동차, 빵, 의복 등 일반 재화와는 다른 성격을 가지기 때문에 일반 경제학의 주요 원리를 영상콘텐츠 기업에 그대로 적용하기는 힘들다. 영상콘텐츠의 경제적 가치가 증대되었다고 하더라도 콘텐츠의 성격에 따라 공공성이 경제적 효용성보다 더욱 중시되기도 하고, 영상콘텐츠가 어느 미디어(채널)에 의해서 최종 소비자에 전달되는가에 따라 공공성의 개념이 달라지기도 한다. 예를 들어 같은 드라마나 영화라 하더라도 지상파로 전달되는 경우와 인터넷으로 전달되는가에 따라 재화의 성격이 달라진다.

때문에 영상콘텐츠 경제·경영 원리에서는 영상콘텐츠 마케팅이 매우 중요한 경영원리로 부각된다. 영상콘텐츠의 공공재적 특성으로 인해 마케팅전략에 따라 생산자의 경제적 가치뿐만 아니라 소비자의 경제적 가치를 극대화시킬 수 있기 때문이다. 영상콘텐츠 마케팅의 핵심도구는 일반 마케팅과 마찬가지로 상품·가격·유통·프로모션의 4P전략이다. 그러나 영상콘텐츠라는 상품이 갖는 특성으로 인해, 각각의 전략이 달라지기 때문에 차별화된 영상콘텐츠 마케팅전략이 필요하다.

3) 영상콘텐츠 산업 연구방법

(1) 산업 조직 모형

미디어 경제·경영 원리의 시각에서 영상콘텐츠 기업 및 산업을 연구함에 있어 가장 많이 활용되는 연구방법론은 산업 조직 모형(*Industrial Organization Model*)(Gomery, 1989)이다. 산업 조직 모형은 미디어 산업의 특성을 구조(*structure*), 행위(*conduct*), 성과(*performance*)의 세

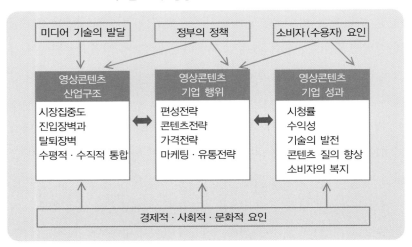

부분으로 나눈다. 이에 따라 미디어 산업구조의 변화가 미디어 기업의 행위에 어떠한 영향을 미치며, 행위의 변화로 인해 성과가 달라지는지 측정하는 것이다. 산업 조직 모형은 미디어 산업에 영향을 미치는 외부 환경적 요인들과 미디어 기업의 내적인 요인인 기업행위와의 관계를 상호유기적 관점에서 파악하고, 그 결과로서의 미디어 기업 성과를 측정한다. 이로써 급변하는 미디어 환경에서 살아남기 위한 미디어 기업의 전략을 모색할 뿐만 아니라, 적정한 미디어 산업구조 설정을 위한 정책 방향을 제시할 수 있다는 점에서 매우 유용하다.

〈그림 1-2〉에서 알 수 있듯이 영상미디어 산업구조, 행위, 성과에 영향을 미치는 외적인 요인들은 미디어 기술의 발전, 정부의 정책, 광고 재원이나 소비자들의 소비에 영향을 미치는 경제적, 사회·문화적 요인 그리고 소비자들의 취향 변화 등을 들 수 있다. 이러한 외적 요인

들은 영상콘텐츠 산업의 구조와 행위, 성과에 직접적인 영향을 미치게 된다. 예를 들어 방송·통신 기술의 발달로 방송과 통신의 경계가 허물어지면서 통신망을 이용하여 방송을 하는 IPTV가 허가되어 통신사업자도 방송을 할 수 있게 되었다. 미디어 기술의 발달로 인한 정부의 정책변화는 우리나라 방송산업 구조에 많은 변화를 가져왔고 지상파 방송사를 비롯한 케이블, 위성방송사업자들의 기업행위에도 많은 영향을 미쳤다. 지상파 방송사들은 IPTV가 지상파 방송 시청자들을 빼앗아 갈 것을 우려하여 IPTV의 지상파 실시간 방송을 반대하였으나, 소비자의 편익 극대화라는 관점에서 IPTV 사업자들로부터 프로그램 전송료를 받고 프로그램을 제공하는 공존의 길을 모색하였다. 결국 IPTV를 허가한 정부의 정책과 이로 인해 지상파 및 기존 방송사들의 행위변화가 소비자의 복지, 영상콘텐츠 산업발전 측면에서 어떠한 성과를 보였는가를 분석할 수 있다.

(2) 자원준거이론

자원준거이론은 영상콘텐츠를 운영하는 기업전략 연구에서 가장 핵심적으로 사용되는 이론으로서, 개별 기업이 모두 다르며 전략을 실행하기 위한 능력 또한 기업별로 차이가 있다는 전제에서 출발한다. 시장의 진입 장벽, 기업의 규모, 가격에 대한 독점력 등 시장의 구조와 행위, 성과를 중시하는 산업 조직론과 달리, 유사한 환경 속에서 기업 간 차별성의 근원을 기업 내부의 자원에서 찾는 것이 자원준거이론이다.

1930년대 미국의 경제학자인 챔벌린(Chamberlin, 1933)과 로빈슨(Robinson, 1933)은 기업의 특정 자원의 잠재적인 중요성에 대한 논의

<表 1-3> 기업을 구성하는 자원

기업 자원		세부 내용
Barney (1991)	물리적 자본 자원	토지, 건물, 공장, 설비(위성, 케이블), 자본
	인적 자본 자원	인력, 마케팅 노하우, 국제적 경험, 임원진
	조직적 자본 자원	조직문화
Collis & Montgomery (1995)	조직능력	조직이 습득한 동태적 일상성, 경영능력
	관리유산	무형적 문화유산(최고경영자의 리더십과 비전, 조직문화, 조직구조), 물질적 유산(공장 입지, 사무시설, 장비)
	핵심역량	마케팅, 고객서비스 등
Pisano & Shuen(1997)	기술, 보완, 재무, 명성, 구조, 제도	기술, 브랜드, 명성, 특허, 매출, 주식가치, 조직, 자본
Fahy & Smithee (1999)	유형자산	물리적 기술, 공장, 기계 및 도구, 기업의 지리적 위치, 원자재보유, 재무자산
	무형자산	저작권, 브랜드명, 계약과 권한, 무역기밀, 기업명성, 고객충성도, 장기유지고객, 유통채널, 기업네트워크, 종업원 노하우, 공급자/분배자, 조직문화, 기업데이터베이스, 공식보고체계, 기획조정체계, 규율, 내부조직구조
	역량	저비용고품질 상품, 고도의 혁신, 빠른 제품개발, 공급사슬, 경영적 결단, 팀워크, 조직 간 신뢰, 시장예측도, 기술변화감지체계, 비용조절관리, 기술개발, 생산공정, 인력관리, 안전환경 및 관리, 전략개발 등
Stephen (2005)	유형자산	물리적이고 만질 수 있는 물체로서, 부동산, 장비, 재무자원
	무형자산	기업 명성, 고객 관계, 공급자, 아이디어, 지적재산권, 브랜드
	전략자산	특정 시장에 대한 기업 차별화, 비용우위 등

김종하(2008), "미디어기업의 국제다각화 행위와 성과에 영향을 미치는 기업자원요인에 관한 연구: 162개 글로벌 미디어 기업을 중심으로", 29쪽 재인용.

를 시작했다. 기업들이 보유하고 있는 기술적인 노하우, 기업의 명성, 브랜드 인지도, 경영진의 능력, 특허와 기업의 트레이드마크 등 1930년대에 두 학자가 언급했던 주요 개념들은 이후 자원준거이론에서 논의되는 기업 자원으로 연계되었다. 본격적으로 자원준거이론의 기틀을 세운 학자는 펜로즈(Penrose, 1959)로서, 그는 기업을 이질적 자원의 묶음으로 보며, 기업의 성장은 생산적인 이질적 자원(*heterogeneous resources*)을 효율적으로 사용하는 기회에 있다고 분석하였다. 또한 경영진의 역할과 결정 또한 매우 중요한 기업의 자원으로써, 기업이 보유한 무형자원이 매우 가치 있는 성장동력이라는 새로운 시각을 제시하였다. 펜로즈의 연구는 이후 많은 연구자들에게 영향을 주었으며, '역량'이나 '핵심역량' 등의 개념으로 발전되어 영상콘텐츠 기업들의 연구에 주요한 개념으로 활용되고 있다(Prahalad & Hamel, 1990). 자원준거이론은 영상콘텐츠 기업들의 다각화 전략의 수립과 성과 연구의 기반이 된다. 기업이 새로운 상품을 생산하고 사업을 확장하기 위해 자원의 역할을 분석하는데, 기업은 현재 자사가 보유하고 있는 현존 자원을 통해 이를 이용하고 새로운 경쟁우위를 개발한다는 것이다. 워너펠트(Wernerfelt, 1984)는 기업의 경쟁우위가 자원지위장벽의 유지(*maintenance of resource position barriers*)를 통해 창조되는데, 기업 자원은 이질적이며 비유동적이기 때문에 자원지위장벽이 기업에게 수익기회를 창출한다고 설명한다(123쪽). [6] 자원준거이론은 기업을 자원의 집합으

---

6 워너펠트(Wernerfelt, 1984)는 "기업은 자신의 자원지위를 유지하기 원하므로" "진입장벽을 필요로 한다"(*What a firm wants is to create a situation where its own*

로 보기 때문에 시장을 기반으로 한 기업행위의 이해를 위해서는 먼저 기업 자원에 대한 이해가 선행되어야 한다.

---

resource position directly or indirectly makes it difficult to catch up, ⋯ An entry barrier without a resource barrier leaves the firm vulnerable to diversifying entrants, whereas a resource position without an entry barrier leaves the firm unable to exploit the barrier) 고 설명한다(위의 논문, 123쪽).

제 2 장

영상콘텐츠
산업의 이해

영상콘텐츠 산업은 '콘텐츠'라는 재화와 이를 이용한 서비스를 다루기 때문에 다른 산업과는 차별화된 '규모의 경제', '범위의 경제', '통합의 경제'를 추구한다. 영상콘텐츠 기업이 생산한 재화나 서비스가 최종소비자에 도달하기까지는 크게 C(*contents*) - P(*Platform*) - N(*Network*) - D(*Device*) 의 4단계를 거치는데, 디지털 기술의 발전으로 C-P-N-D의 전통적인 가치사슬을 구성하는 주체나 역할이 변화하고 있다. 특히 OS 운영체제를 기반으로 한 스마트폰, 스마트 TV에서는 하나의 콘텐츠가 다양한 단말기의 특성에 맞게 조합되거나 분해되어 사용할 수 있을 뿐 아니라, 콘텐츠 제작자 역시 특정 네트워크를 이용하지 않더라도 통합 플랫폼을 이용하여 콘텐츠를 직접 이용자에게 전달할 수 있다.

1. 영상콘텐츠 산업의 정의와 범위

'영상콘텐츠 산업'은 콘텐츠와 영상미디어가 결합된 용어이기 때문에 이를 정의하기 위해서는 우선적으로 각각의 용어에 대한 정의부터 살펴보아야 한다. 우선적으로 콘텐츠는 "인터넷이나 컴퓨터 통신 등을 통하여 제공되는 각종 정보나 그 내용물. 유·무선 전기 통신망에서 사용하기 위하여 문자·부호·음성·음향·이미지·영상 등을 디지털 방식으로 제작해 처리·유통하는 각종 정보 또는 그 내용물을 통틀어 이른다"고 정의된다(표준국어대사전). 사전적 정의에 의하면 콘텐츠는 다양한 '미디어'에 담겨진 내용물, 즉 전자정보처리 과정을 거쳐 전달될 수 있는 내용물을 의미하는 것으로 볼 수 있다. 예를 들어 어떤 사람이 시를 자신의 노트에 써놓았을 때 그 노트에 쓰인 시는 '내용물'이 된다. 반면에 그 시가 책으로 출간되거나, 신문 지면에 보도되거나, 인터넷 포털 사이트에 게재되는 등, 소비자에게 전달될 수 있는 미디어에 담겨진 시는 '콘텐츠'라고 일컫는다. 때문에 '영상콘텐츠'는 영상미디어에 담겨진 내용물을 의미하고 그 내용물은 지식, 정보, 오락, 광고 등 매우 다양하며, 내용물이 담긴 형태도 시각적이고 정적인 형태인 시, 소설, 신문기사에서부터 시청각적이고 동적인 형태인 영화, 드라마, 게임, 애니메이션까지 매우 다양하다. 여기서 한 걸음 더 나아가서 '영상콘텐츠 산업'에 대해 정의를 내려보자. '산업'의 사전적 정의를 살펴보면 "인간의 생활을 경제적으로 풍요롭게 하기 위하여 재화나 서비스를 창출하는 생산적 기업이나 조직"을 의미한다(표준국어대사전). 때문에 영상콘텐

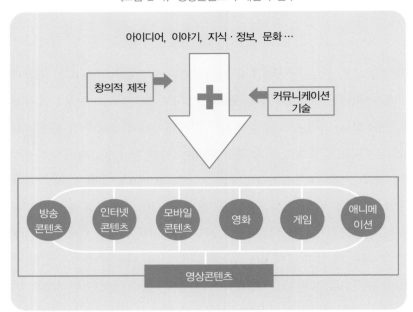

〈그림 2-1〉 영상콘텐츠의 개념과 범주

아이디어, 이야기, 지식 · 정보, 문화 …

창의적 제작

커뮤니케이션 기술

방송 콘텐츠　인터넷 콘텐츠　모바일 콘텐츠　영화　게임　애니메 이션

영상콘텐츠

츠 산업은 영상콘텐츠를 이용하여 재화나 서비스를 창출하는 기업이나 조직을 의미한다고 할 수 있다. 이러한 정의에 비추어볼 때 가장 손쉽게 떠올릴 수 있는 영상콘텐츠 산업은 방송 · 영화 · 게임 · 애니메이션을 생산하거나 유통하는 기업이나 조직이라 할 수 있다. 때문에 영상콘텐츠 산업은 큰 범주에서 볼 때 콘텐츠 산업의 한 종류이고 다루는 내용물은 주로 문화적인 것, 엔터테인먼트에 관련된 것이 많다.

2. 영상콘텐츠 산업의 가치사슬

영상콘텐츠 산업을 구체적으로 파악하기 위해서는 영상콘텐츠 산업을 구성하고 있는 가치사슬(*Value Chain*)에 대해 살펴보아야 한다. 가치사슬이란 기업이 제품 또는 서비스를 생산하기 위해 원재료, 노동력, 자본 등의 자원을 결합하는 과정이다. 포터(Michael Porter)는 조직의 가치사슬이 경쟁력을 갖출수록 제품 전체의 가치는 개별의 합을 초과하며, 마진의 합계가 이익이 된다고 설명하고 있다. 때문에 사용한 자원보다 더 많은 가치 재화와 서비스를 생산하기 위해 자원을 결합하는 과정을 가치사슬로 정의한다(최성범, 2013, 61~62쪽 재인용.).

영상콘텐츠 산업의 경우 영상콘텐츠 기업이 생산한 재화나 서비스가 최종소비자에 도달하기 까지 크게 C(*contetnts*, 제작)‑P(*Platform*, 유통)‑N(*Network*, 망 사업자)‑D(*Device*, 수신기) 4단계를 거친다. 〈표 2‑1〉에서 알 수 있듯이 영상콘텐츠 산업의 가치사슬의 첫 번째 단계는 '콘텐츠 제작'이다. 지식‧정보, 방송 프로그램, 영화, 게임, 애니메이션, 음악 등 다양한 콘텐츠를 제작하는 창작 집단이나 개인, 조직이 여기에 해당된다. 구체적으로 KBS, MBC, SBS, EBS 같이 프로그램을 직접 제작하는 지상파 방송사, 종합편성 케이블채널, 일반 케이블채널, 독립 제작사 등이 이에 해당한다.

두 번째 가치사슬의 단계인 플랫폼 사업자는 제작된 콘텐츠를 패키징하여 유통하는 집단이나 조직으로, 영상콘텐츠를 미디어 상품으로 변환하는 업무를 한다. 예를 들어 드라마 〈정도전〉이 제작사에 의해

<표 2-1> 영상콘텐츠 산업의 가치사슬 4단계(C-P-N-D)

콘텐츠 산업 (Content)	플랫폼 산업 (Platform)	네트워크 산업 (Network)	디바이스 산업 (Device)
지식·정보, 방송 프로그램, 영화, 게임, 애니메이션, 음악 등 다양한 콘텐츠를 제작하는 산업	특정한 네트워크를 이용하여 소비자에게 다양한 콘텐츠와 서비스를 전달하는 산업	플랫폼 사업자가 콘텐츠를 소비자에게 전달하기 위해 사용하는 망을 제공하는 산업	소비자가 전달된 영상콘텐츠를 최종적으로 수신하는 기기를 제작하는 산업

제작되었으나 드라마가 KBS 방송사를 통해 전달되지 않는다면 이는 미디어 상품으로 전환될 수 없다. 플랫폼 사업자(유통사업자)들은 다양한 콘텐츠를 모아서 공급하는 역할을 하는데, 자체적으로 프로그램을 제작하거나 구매하여 이를 상품화하여 소비자에게 전달한다. 플랫폼 사업자의 유형은 공중파를 이용하는 지상파 방송사, 케이블을 이용하는 종합유선방송 사업자, 통신망을 이용하는 IPTV 사업자, 위성을 이용하는 위성방송 사업자 등으로 나뉜다. 이 밖에도 영화 배급업자인 극장형 사업자, 게임, 음악 배급업자인 휴대형 배급업자로 분류된다. 플랫폼 사업자가 이용하는 '망'(Network)에 따라 망 사업자 유형도 통신 사업자, 지상파 방송 사업자, 위성방송 사업자, 케이블망 사업자 등으로 분류된다. 가치사슬의 마지막 단계는 단말기 사업자로서, 영상콘텐츠를 소비자에게 최종 전달하는 기기를 제작하거나 운영하는 사업자이다. 영상미디어 기기를 생산하는 가전사업자들이 주를 이루었으나 디지털매체의 발달로 컴퓨터, 모바일 기기, 스마트폰 등 다양한 사업자들이 4번째 가치사슬 단계를 구성한다.

3. 디지털 기술발전에 따른 가치사슬의 변화*

디지털 기술의 발전으로 방송 통신이 융합되고 다양한 기능을 할 수 있는 스마트 TV나 스마트폰 등이 상용화되면서 C-P-N-D의 전통적인 가치사슬을 구성하는 주체나 역할이 변화하고 있다. 디지털매체 기술의 발전에 따른 미디어 생태계의 변화와 관련하여 로츠(Lotz, 2007)는 영상미디어 기술의 발전에 따라 '네트워크 시기 - 다채널 전환기 - 포스트 네트워크 시기 - 스마트미디어 시기'로 구분하였는데, 로츠가 구분한 시기를 이용하여 시기별 영상콘텐츠 산업의 가치사슬 변화를 살펴보았다.

〈그림 2-2〉에 의하면, 소수채널 시대에는 지상파가 콘텐츠를 전달하는 가장 중요한 네트워크였기 때문에, 콘텐츠 제작사·플랫폼 사업자·망 사업자가 수직적으로 통합되어 있는 지상파 방송사가 영상콘텐츠 산업 전 단계에서 가장 중요한 역할을 하였다. 이후 케이블과 위성이 새로운 네트워크로 도입되면서 본격적으로 다채널 시대가 개막되어 다양한 네트워크를 이용하여 콘텐츠를 제작하고 전달하는 사업자들이 등장했다. 이 시기에는 소수채널 시대에 비해 플랫폼 사업자와 제작사 간의 관계가 수직적으로 통합되지 않고 독립적인 형태로 운영되는 사업자들이 생겨났는데, 종합유선방송 사업자에게 프로그램을 공급하는 프로그램 공급업자들이 대표적인 콘텐츠 제작사가 되었다. 디지털매체가

---

* 이 절은 "스마트 TV와 미디어 패러다임의 변화"(강홍렬 외, 2011, 정보통신정책연구원) 376~380쪽의 내용을 재구성한 것이다.

〈그림 2-2〉시기별 영상콘텐츠 산업의 가치사슬의 변화

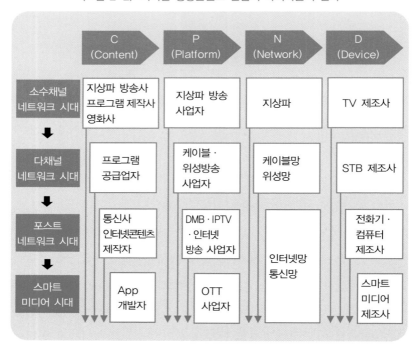

도입된 이른바 '포스트 네트워크 시기'에는 보다 많은 미디어 행위자들
이 참여하게 되었다. 이 시기에는 쌍방향 커뮤니케이션을 가능하게 하
는 인터넷망과 통신망이 네트워크로 활용되면서 시간과 공간의 제약을
극복하는 형태의 배급이 이루어지게 되었다. 그러나 이 시기까지도 영
상콘텐츠 산업의 가치사슬 단계는 특정 사업자와 공급자, 그리고 소비
자 간의 일방향적 흐름이 이루어지는 폐쇄적인 형태의 지형이었다. 예
를 들어 케이블 프로그램 공급업자는 케이블 사업자들에게만 프로그램
을 공급하고, 지상파 방송사에 프로그램을 공급하는 프로그램 제작사

는 지상파 방송사에게만 프로그램을 공급하는 식이었다. 즉, 콘텐츠를 제공하는 제작사와 배급사는 채널사업자에게 특정 창구에 콘텐츠를 배타적으로 제공하여 폐쇄적인 유통이 이루어졌다. 물론 이 시기에도 제작사와 배급사가 여러 채널사업자들에게 콘텐츠를 공급하여 콘텐츠의 부가가치를 극대화하는 '원 소스 멀티 유즈'(One source Multi use) 전략을 취하였으나 이 역시 채널사업자를 통해서 이루어졌다.

스마트미디어 시대가 도래하면서 가장 큰 변화를 보이는 사업자는 플랫폼 사업자이다. 인터넷망과 통신망을 네트워크로 이용하는 것은 포스트 네트워크 시대와 동일하지만, 스마트미디어 시대 이전에는 콘텐츠가 전달되는 망에 따라 별도의 플랫폼 사업자가 존재하였고 C-P-N-D로 이루어지는 가치사슬의 관계는 폐쇄적인 형태로 운영되었다. 즉, 지상파, 케이블, 위성, 인터넷 등 콘텐츠를 전달하는 전달망에 따라 독립적인 플랫폼 사업자가 존재하고, 이들은 하나의 망을 통해서만 콘텐츠를 소비자에게 전달하였다. 그러나 OS운영체제를 기반으로 한 스마트폰, 스마트 TV와 같은 스마트미디어가 도입된 스마트미디어 시대에 이르러서는 통합 플랫폼을 기반으로 하나의 콘텐츠가 다양한 단말기의 특성에 맞게 조합되거나 분해되어 사용할 수 있다. 또한 콘텐츠 제작자 역시 특정 네트워크를 이용하지 않더라도 통합 플랫폼을 이용하여 콘텐츠를 직접 이용자에게 전달할 수 있게 될 것이다(강홍렬 외, 2011, 376~380쪽).

〈그림 2-3〉은 스마트 TV 시대의 개방형 미디어 생태계를 예측한 것으로, 스마트 TV 시대의 C-P-N-D의 가치사슬 관계와 소비자의 위치는 앞서 제시하였던 일방향적인 가치사슬 모형과는 다른 특성을 보인

〈그림 2-3〉 개방형 스마트 TV 생태계

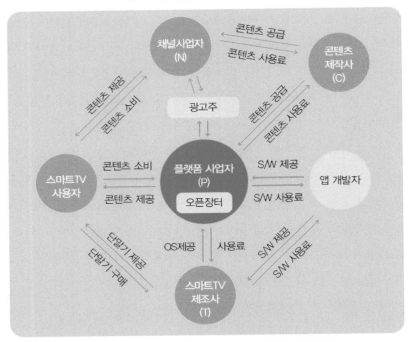

강홍렬 외(2011), 〈스마트 TV와 미디어 패러다임 변화〉, 379쪽.

다. 가장 차별화되는 특징은 스마트 TV 시대의 미디어 생태계의 중심
에 플랫폼 사업자가 위치하는데, 스마트미디어 시대의 플랫폼 사업자
는 다양한 콘텐츠가 모든 단말기에서 이용될 수 있도록 하는 운영체제
를 갖춘 오픈장터를 구축함으로써 콘텐츠 유통의 핵심역할을 하게 된다
는 것이다. 스마트미디어 시대의 대표적인 플랫폼 사업자는 구글이나
애플 등을 들 수 있다. 우리나라에서는 KT가 KT 올레TV를 오픈장터
로 구현하여 다양한 콘텐츠 제작자들이 콘텐츠를 탑재할 수 있도록 하
고 있다.

4. 영상콘텐츠 산업의 구조적 특징

영상콘텐츠 산업은 일반 상품과는 다른 특성을 가진 '콘텐츠'라는 재화와 이를 이용한 서비스를 다루기 때문에 다른 산업과는 차별화된 특성을 갖는다. 산업적인 측면에서 영상콘텐츠 산업은 '규모의 경제', '범위의 경제', '통합의 경제'를 추구한다.

1) 규모의 경제

'규모의 경제'(*Economics of Scale*)는 생산규모가 커짐에 따라 장기적으로 평균비용이 하락하는 현상을 말한다. 즉, 기업이 생산규모를 확대하여 생산비용을 절감함으로써 수익을 극대화하는 것을 의미하는 것이다. 규모의 경제는 소비자에게도 이익을 가져다 줄 수 있기 때문에 자본주의 시장경제에서 추구되어온 생산원리이고, 규모의 경제에 가장 적합한 산업이 영상콘텐츠 산업이다. 영상미디어 산업은 콘텐츠를 생산하고 서비스함에 있어 초기에 설비·기술·인력 등 많은 투자비용이 필요하지만 콘텐츠를 소비하는 소비자가 늘어날 때 투입되어야 하는 추가비용이 거의 없어, 소비자가 늘어날수록 소비자 1인당 들어가는 평균 비용이 하락한다. 이러한 이유 때문에 영상콘텐츠 산업은 규모의 경제를 추구하게 된다. 그러므로 영상콘텐츠 산업은 '경쟁적인 산업구조'보다는 '자연독점적인 산업구조'를 초래하는 경향이 있는데, 글로벌 시장을 타깃으로 막대한 자본을 투자하여 영화를 제작하는 미국의 할리우

〈표 2-2〉 국내 MSO 현황(2012년 12월 말 기준)*

		사업자 수	전체 가입자 수 (단위: 단자)**			방송사업매출 (단위: 천 원)	점유율 (%)
			아날로그 방송	디지털 방송	계		
MSO	T 브로드	21	2,119,177	1,020,066	2,119,198	584,159,862	25.2
	CJ 헬로비전	19	1,966,464	1,485,690	1,966,483	576,268,392	24.9
	C & M	17	1,033,611	1,415,597	1,033,628	458,213,464	19.8
	현대 HCN	8	744,578	547,865	744,586	205,326,755	8.9
	CMB	9	1,269,546	80,134	1,269,555	129,768,065	5.6
독립 SO		17	2,495,890	620,107	2,495,907	362,515,313	15.7
계		91	9,629,266	5,169,459	9,629,357	2,316,251,851	100.0

* 미래창조과학부 · 방송통신위원회(2013), 〈2013년 방송산업 실태조사 보고서〉, 234~285쪽 재구성.
** 종합유선방송의 가입자 수는 종합유선방송을 수신하기 위한 수신시설(단자)을 설치한 TV수상기 대수를 기준으로 한다. 따라서 단수 수신자는 물론 2대 이상의 TV에 수신시설이 설치된 복수 수신자도 모두 가입자 수에 포함된다.

드 영화사들이 전 세계를 지배하고 있는 이유도 바로 여기에 있다.

미국의 할리우드 영화사들은 편당 2억 5천만 달러 정도의 제작비를 투자하여 전 세계 소비자들을 대상으로 블록버스터 영화를 제작하기 때문에 우수한 인력이나 기술 설비를 사용함으로써 경쟁력 있는 영화를 만들 수 있다. 이에 비해 우리나라의 블록버스터급 영화의 제작비는 100억에서 150억 원 정도로, 할리우드 영화 제작비에 1/10에도 못 미친다. 이와 같이 할리우드 영화사들이 대규모의 제작비를 투자할 수 있는 것은 '규모의 경제'를 추구하기 때문이다. 즉, 영화를 소비하는 소비자들이 증가할수록 소비자 1인당 평균 제작비가 하락하기 때문에 많은 제작비를 투자하여 소비자를 더 많이 끌어들이고자 한다는 의미이다.

규모의 경제 원리는 콘텐츠 제작뿐만 아니라 콘텐츠 유통 · 서비스

단계에서도 발생한다. 예를 들어, 종합유선방송 사업자가 하나의 행정구역에서만 서비스하는 경우와 2개 이상의 행정구역에서 서비스를 하는 경우, 2개 이상의 구역에서 서비스할 때 소비자 1인당 투자되는 평균비용을 하락시킬 수 있기 때문에 더 큰 이익을 얻을 수 있다. 이러한 특성으로 인하여 영상콘텐츠 사업은 경쟁적인 산업구조보다는 자연적인 독점구조로 가게 될 확률이 높다. 자연적 독점구조로 가게 되는 경우, 소비자의 복지 측면에서 부작용이 나타날 수 있기 때문에 정부는 다양한 규제와 정책을 통해 적정한 경쟁상태를 유지하려고 노력하여야 한다. 우리나라의 경우 1995년 종합유선방송을 도입하면서 종합유선방송 사업자에 대해 행정구역 구 단위를 기준으로 하여 1구에 하나의 방송국 사업자만을 허가하였다. 그러나 종합유선방송 사업자의 측면에서 볼 때 규모의 경제를 실현할 수 없어 수익이 나지 않았다. 결국 1998년 종합유선방송법을 개정하여 하나의 종합유선방송 사업자가 여러 구역에서 방송서비스를 할 수 있게 되었다.

2) 범위의 경제

'범위의 경제'(Economics of Scope) 란 2개의 제품을 2개의 기업에서 각각 생산하는 것보다 한 기업이 2종 이상의 제품을 같이 생산할 때 더 효율적이라는 원리이다. 즉, 재화나 서비스를 생산할 때 기본적으로 투자되는 물적 · 인적 · 기술적 자원이 필요하므로 하나의 재화나 서비스를 생산하고 남은 잉여자원을 이용하여 다른 재화나 서비스를 생산하면 경제적 효용가치를 극대화시킬 수 있다는 것이다. 특히 콘텐츠 사업의 경

〈그림 2-4〉〈아이언맨〉의 OSMU 사례

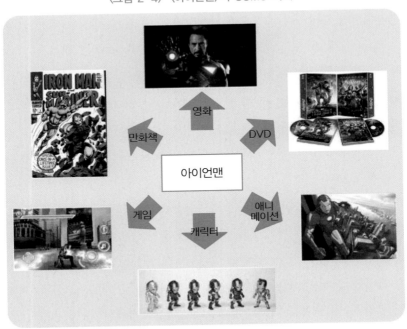

우 인적·물적·기술적 자원 외에 '아이디어'라는 무형의 자원도 필요
한데, 아이디어와 같은 무형 자원은 매우 다른 형태로 다양하게 생산될
수 있다. 때문에 범위의 경제는 영상콘텐츠 산업의 가치사슬의 모든 단
계에서 나타날 수 있다. 예를 들어 콘텐츠를 제작하는 단계에서 나타나
는 범위의 경제는 기업이 하나의 '아이디어'나 '스토리'를 다양한 형태로
제작하는 것으로, 미국 마블 스튜디오의 만화 〈아이언맨〉이 영화, 게
임, 애니메이션, 캐릭터 제작 등 다양한 상품으로 다각화하여 제작됨
으로써 이윤극대화를 추구하는 것이 대표적이라 할 수 있다.

특히 범위의 경제 효과가 가장 잘 나타나는 단계는 콘텐츠 배포의 단계이다. 하나의 영상콘텐츠가 다양한 형태로 유통되면서 부가수익을 극대화할 수 있는데, 지상파 방송에서 방송된 드라마 〈겨울연가〉가 이후 케이블 방송, 위성방송, 인터넷, VOD, DVD 등 다양한 형태로 만들어져 유통됨으로써 KBS 방송사는 경제적 수익을 극대화할 수 있었다.[1] 때문에 최근에는 영상콘텐츠 기업들이 규모의 경제와 함께 범위의 경제를 추구하고 있다.

3) 통합의 경제

'통합의 경제'(*Economics of Integration*) 란 생산의 가치사슬 단계에 있어서 전후 단계를 통합하거나, 같은 단계에서 기업들이 통합함으로써 경제적 효용가치를 극대화하고자 하는 것이다. 전자는 '수직적 통합'을 의미하고 후자는 '수평적 통합'을 의미한다. 영상콘텐츠 기업들은 수직적 통합과 수평적 통합을 모두 진행하면서 경영 효율성을 추구하는데, 수직적 통합의 대표적인 미디어 기업은 지상파 방송사이다. 지상파 방송의 경우 제작과 송출의 단계가 통합되어 있어 프로그램을 자체적으로 제작하면서도, 제작한 프로그램을 지상파를 이용하여 직접 수신자에게 송신한다. 이로써 단순히 프로그램을 제작만 하는 프로그램 제작사나, 제작된 프로그램을 패키징하여 전달만 하는 종합유선방송 사업자에 비해 경쟁력이 있고 경영효율성을 추구할 수 있다. 수직적 통합의 예는 종

---

1 유통의 측면에서 추구하는 범위의 경제는 '창구화'라는 개념으로 발전하였는데, 제4장에서 자세히 설명하였다.

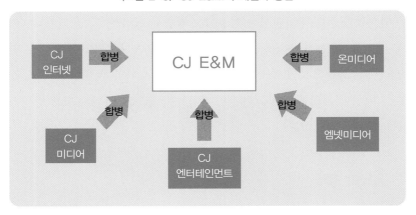

합유선방송 산업에서도 나타나는데 대표적인 회사가 CJ E&M이다. CJ E&M은 M-net, Olive, tvN 등 17개의 케이블 프로그램 채널을 소유하면서 CJ 헬로비전이라는 종합유선방송국 사업자도 소유하고 있기 때문에 다른 프로그램 공급업자나 종합유선방송 사업자에 비해 경쟁력이 있다. 전 세계적으로 수직적으로 통합된 미디어 기업들이 많이 있다. 글로벌 미디어기업 경영자 루퍼트 머독(Rupert Murdoch)은 제작사인 20세기 폭스(Twentieth Century Fox), 유통채널 폭스(FOX), 인쇄매체인 〈TV 가이드〉(*TV Guide*)를 소유하고 있다. 20세기 폭스에서 제작한 프로그램을 폭스 채널을 통해 방송하고, 〈TV 가이드〉를 통해 홍보하면서 경영의 효율성을 추구한다.

수평적 통합의 예는 지상파 방송사들이 케이블 방송도 소유함으로써 제작한 프로그램을 지상파 방송을 통해 일회성으로 방송하는 것으로 끝나지 않고 케이블 방송을 통해 2차, 3차로 방송하여 경영효율성을 추구하는 것을 들 수 있다. 우리나라의 경우 지상파 방송이 케이블 PP에 진출할 수 있도록 허용한 1998년 이후, 현재 KBS, MBC, SBS 방송사들은 각각 6~7개의 케이블 채널을 소유하여 운영하고 있다.

제 3 장

영상콘텐츠의
특성

이 장은 일반 재화와 구분되는 창의적 재화라는 관점에서 영
상콘텐츠를 소개한다. 경제학자 케이브스가 문화예술 상품을
일반 재화와 구분지었던 7가지 특성을 중심으로 영상콘텐츠
의 특성을 설명하였다. 그리고 경험재적 속성을 지닌 영상콘
텐츠 상품이 필연적으로 가져오는 시장의 성격으로서 불확실
성을 소개한다. 또한 뉴미디어의 도입으로 시장성이 강한 사
업자들이 영상콘텐츠 시장에 참여하면서 기존의 공공재적 특
성이 점차 변질되고, 결과적으로 공공재와 사유재의 중간적
성질을 지니게 되는 현상을 설명한다.

1. 창의적 재화

영상콘텐츠는 제품의 생산부터 소비에 이르기까지 나타나는 일련의 과정과 성과들이 일반적인 경제적 재화와는 다르다. 콘텐츠가 탄생하는 시점부터 개인이나 집단의 창조적인 재능이 주요한 자원이 되기 때문에 창의적 재화(Creative Product)의 범주에 포함된다고 할 수 있다. 이러한 창의적 재화가 가진 '창조적 역량'은 객관적인 평가기준, 즉 계량적인 도구로는 측정할 수 없는 경우가 대다수이며, 이와 같은 이유로 영상콘텐츠 역시 대부분 다른 재화와 서비스보다 역동적인 경제적 환경에서 작동한다.

이미 경제학자들은 기존의 전통적인 경제학에서 다루는 분석도구들이 문화예술 상품에는 적합하지 않다고 지적한 바 있다. 이와 관련하여 경제학자 케이브스(Caves, 2000)는 문화예술 상품을 다른 재화 및 서비스와 구분지어 "예술적 혹은 창조적 노력의 요소를 상당히 포함하는 상품 또는 서비스"라고 정의하고, 이러한 시각에서 볼 때 문화예술 상품의 생산과 같은 창조적 활동은 그것의 생산과 소비가 다른 재화와 차별되는 경제적 특성들을 갖는다고 보았다. 그리고 영상콘텐츠 역시 여기에 해당된다.

케이브스가 주장한 창의적 재화와 그 시장이 갖는 특성 중 영상콘텐츠에도 공통적으로 적용할 수 있는 특성을 보면 다음과 같다. 첫째, 수요의 불확실성(nobody knows)이다. 소비자가 직접 제품을 접하기 전에는 그 제품에 대한 반응을 알기 어려울 뿐만 아니라 소비가 이루어진 이

<표 3-1> 영화 〈써니〉 vs 〈제7광구〉

	써니	제7광구
개봉일	2011년 5월 4일	2011년 8월 4일
형식 (상영비율)	2D (100%)	2D (59%) / 3D (41%)
감독	강형철 (전작 〈과속스캔들〉)	김지훈 (전작 〈화려한 휴가〉)
출연진	유호정, 진희경, 홍진희 外	하지원, 안성기 外
매출액	540억 3,423만 5,100원	193억 9,165만 3,500원 (3D: 760만 4,474원)
전국 관객수	736만 2,467명	224만 2,510명 (3D: 63만 2,818명)
전국 스크린수	472개	812개
제작비	약 40억 원	약 100억 원
장르	드라마/코미디	SF (해양괴수블록버스터)

영화진흥위원회 자료 재구성(참고사이트 www.kofic.or.kr)

후에도 개인마다 선호가 워낙 다르기 때문에 수요를 예측하기 어렵다는 것이다. 이로 인해 창의적 재화의 시장에는 항시적으로 수요의 불확실성이 존재하게 된다. 대표적인 사례가 바로 영화다. 가령 역대 한국영화 중 〈7광구〉처럼 대규모의 제작비를 투입하고, 대중이 선호하는 스타가 출연한 대작임에도 불구하고 흥행에 실패하는 경우가 있는가 하면, 〈써니〉처럼 적은 제작비를 들이고, 전면에 내세우는 스타배우 없이도 흥행에 성공하는 경우가 있다. 영화시장의 참여자들은 수요의 불확실성을 낮추기 위해 기존의 흥행성과를 통해 흥행요인을 찾아내고자 하지만, 실질적으로는 기존에 축적된 경험적 데이터 이상의 결과를 얻지 못하는 실정이다.

둘째, 창의적 재화를 생산하는 사람들은 제품의 독창성이나 제품을 생산하기 위한 전문적인 기술에 좀더 심혈을 기울이고, 다른 분야의 종사자들보다 더 적은 임금을 받는 것을 감수할 정도로 일종의 장인정신을 가지고 있다(Art for art's sake). 음향 감독을 예로 들어보자. 오늘날 영화나 드라마와 같은 영상콘텐츠는 일반적으로 유성으로 제공되기 때문에 영상 위에 음악이나 음향과 같은 소리를 입히는 작업이 필수적이다. 그럼에도 불구하고 소수의 스타급 감독을 제외하면 근무조건이나 환경이 열악하다. 열악한 수준의 임금을 받거나 심지어 흥행실적이 저조할 경우에는 임금이 체불되기도 하는 사례도 왕왕 있다. 최근에는 기획 단계부터 음원의 수익을 겨냥하고 스타가 드라마나 영화 음반에 참여하는 경우도 있지만, 소수의 스타를 제외하면 여전히 경제성은 매우 열악하다. 그럼에도 불구하고 대다수의 사람들은 순수한 창작 의욕을 기반으로 작업에 참여하는 경우가 많다. 시장경제 활동의 주요한 요인 중 하나인 기회비용의 관점에서 볼 때 이러한 창의적 재화의 생산자가 보이는 행위는 설명하기 힘든 부분이다.

셋째, 창의적인 재화를 생산하기 위해서는 다양한 기술을 지닌 인력(motley crew)의 투입이 필요하다는 점이다. 영화를 제작하기 위해서는 감독과 작가, 배우, 카메라, 미술, 그래픽, 음향, 음악, 편집, 스크립터 등 각 분야의 전문인력이 투입되어야 영화가 완성될 수 있다. 이 중 어느 한 분야의 인력이나 기술이 누락될 때에는 '영화'라는 최종 제품이 생산될 수 없다.

넷째, 각각의 요소가 어떻게 조합되는가에 따라 다른 창의적인 재화가 생산될 수 있는 무한한 다양성(infinite variety)이 존재한다. 일반 재화는 보통 투입요소가 표준화되어 같은 종류의 제품이라면 전혀 다른 품질의 재화가 생산될 가능성이 적다. 그러나 영상콘텐츠의 경우 제작

요소의 조합방식에 따라 다른 성질의 콘텐츠가 된다. 가령 동일한 시나리오를 가지고 제작하더라도 투입되는 제작비 수준이 다르고, 감독, 연기자, 스태프 등의 투입 요소가 n만큼 다르다면 역시 n개의 다른 콘텐츠가 생산될 수 있다.

다섯째, 수직적으로 차별화된 능력(Skills)이다(A list / B list). 수직적으로 차별화되었다는 의미는 영상콘텐츠 생산에 참여하는 요소들이 숙련도나 재능에 있어 차이가 있다는 것이다. '수십 년 동안 다수의 흥행영화를 연출한 경험을 가진 감독 / 상업영화를 제작한 경험이 없는 신인 감독', '대중에게 인기 있는 스타급 연기자 / 연기 초년의 신인', '대중에게 호소력 있는 치밀한 스토리텔링을 구사하는 베스트셀러 작가 / 스토리텔링 능력을 검증받은 적이 없는 신인작가' 등이 이에 해당한다. 영상콘텐츠 시장에서는 투입요소 간의 이러한 차이가 흥행 성공 여부를 결정하기도 한다.

여섯째, '인생은 짧고 예술은 길다'(Ars longa, vita brevis)는 명언처럼 창의적 재화는 일회적 사용에 그치지 않고 다양하게 활용될 수 있다. 한 시대를 풍미한 영화가 세대를 넘나들며 존재할 수 있는 것도 이러한 재화적 성격에 기인한다. 뿐만 아니라 동일한 스토리라고 하더라도 각각 어떠한 장르나 매체로 표현되느냐에 따라 다른 재화로 재탄생할 수 있기도 하다. 일본에서 한류의 붐을 가져온 〈겨울연가〉는 본래 국내에서 드라마로 제작되어 일본에 수출되었으나, 이후 일본에서 인기를 얻으면서 애니메이션, 뮤지컬 등의 다른 장르로 리메이크되었다. 이들은 동일한 스토리에 기반을 두었지만 전혀 다른 품질을 지닌 영상콘텐츠로 재탄생되었다. 또 다른 예로 영국 작가 조앤 롤링의 《해리포터》 시리

즈를 들 수 있다. 본래 출판매체인 소설로 출간된 《해리포터》는 베스트셀러가 되어 세간의 화제를 모은 이후, 영화·캐릭터·게임 등으로 제작되어 다양한 장르의 원천 스토리로 이용되었다.

투입요소와 이윤산출방식의 차이를 중심으로 다른 재화와의 차이점을 이야기한 케이브스의 주장을 기반으로 피카드(Picard, 2005)는 영상콘텐츠 시장 자체에서 작동하는 수요와 공급 메커니즘의 차이를 좀더 강조하여 창의적 재화로서 영상콘텐츠가 가지는 특징을 몇 가지 언급하였다. 우선 공급 측면에서 보면 영상콘텐츠 산업은 다른 산업에 비해 사업자가 수적으로 적은 편이라 직접경쟁이 적다는 것이 특징이다. 그리고 영상콘텐츠가 지닌 비경제적 요소들이 시장의 작동에도 영향을 미친다는 면에서 경제적 요소에 의해 움직이는 다른 산업과는 차이가 있다. 가령, 영상콘텐츠의 인력들은 보상이 없을 때조차 자신이 표현하고 싶은 창작 욕구와 예술적 동기를 기반으로 기꺼이 영상콘텐츠 시장에 참여한다. 때문에 물리적 재화가 거래되는 시장과는 다른 메커니즘이 존재한다. 영상콘텐츠는 생산과정에 창의적이고 예술적인 요소가 바탕이 되는 경우가 많으며, 물리적 상품과는 매우 다른 배급 메커니즘과 비용이 드는 비물리적 자산이다.

2. 불확실성

영상콘텐츠는 소비자가 직접 경험하기 전까지는 그 가치를 알기 어려운 경험재적(*experience good*) 속성이 있기 때문에(박소라, 2004), 시장에서의 수요 예측이 어렵다. 수용자마다 선호하는 영상콘텐츠가 다르고 선호의 이유 또한 다르다. 드라마를 즐겨보는 사람이 있는가 하면, 보도나 시사 프로그램을 즐겨보는 사람이 있다. 그리고 같은 드라마라고 하더라도 로맨스를 좋아하는 사람, 액션을 좋아하는 사람, 스릴러를 좋아하는 사람 등 선호가 다양하다. 뿐만 아니라 내가 선호하는 배우나 감독 혹은 작가가 제작에 참여했는지 여부도 영상콘텐츠의 소비를 결정하는 요인이 될 수 있다. 이처럼 영상콘텐츠의 수요에는 다양한 개인적이고 주관적인 취향들이 영향을 미치기 때문에 시장에서의 성과에 대한 경우의 수 또한 무궁무진하다. 이와 같이 영상콘텐츠라는 상품이 갖는 속성으로 인해 수요를 예측하기 어려워 시장에서의 성공이 불확실하다는 점은 영상콘텐츠를 다른 재화와 구별 짓는 이유 중 하나이다.

케이브스(Caves, 2000)와 피카드(Picard, 2005) 역시 영상콘텐츠와 다른 재화의 가장 큰 차이는 이와 같은 수요의 불확실성이라고 보았다. 영상콘텐츠는 문화적 속성을 가진 재화이며, 영상콘텐츠에 대한 소비자의 효용이라는 것이 개인의 문화적 취향이나 선호 같은 비경제적이고 주관적인 가치에 의존하기 때문에 항시 수요의 불확실성이 존재한다.

기본적으로 영상콘텐츠를 재화적 관점에서 본다는 것은 시장경제(*market economy*)의 원리에 의해 공급과 소비가 결정됨을 전제로 한다.

생산과 소비가 이루어지는 시장경제는 생산과 소비에 대한 결정이 생산자와 소비자 개인에 의해 이루어지는 경제를 의미한다. 영상콘텐츠의 생산자는 이윤을 극대화하기 위해 생산에 참여하고, 소비자는 효용을 극대화하는 방식으로 소비한다. 따라서 영상콘텐츠 생산자는 제품을 제작할 때 투입된 비용 대비 산출된 이윤이 얼마인지 고려하는 것이 중요하며, 소비자는 제품을 구매할 때 일정 비용을 기꺼이 지불하고서라도 소비할 의도가 있는 효용이 큰 영상콘텐츠 상품을 추구한다.

그런데 문제는 영상콘텐츠 상품의 경험재적 속성으로 인해 소비자는 직접 보거나 듣기 전에는 상품에 대한 선호를 판단하기 힘들고, 이로 인해 생산자는 해당 상품에 대한 수요를 예측하기 힘들다는 것이다. 다른 재화에 비해 초기 투입비용이 상대적으로 큰 영상콘텐츠이지만, 모든 생산비용이 투입되기 전에 상품에 대한 구매의도가 있는 사람들의 가치평가가 높을지 낮을지를 알기가 힘들기 때문에 그만큼 위험성이 높은 상품이기도 하다. 수요의 불확실성으로 인해 영상콘텐츠는 높은 위험(*high risk*)을 가진 상품이면서 동시에 높은 수익(*high return*)을 낼 가능성을 내재한 잠재성이 큰 상품이기도 하다.

영상콘텐츠 상품은 모두 새로운 창작물이다. 비슷한 창작물은 있지만 품질이 완전히 동일한 재화는 없다. 따라서 매번 새로운 상품이 출시될 때마다 새로운 시행착오를 거쳐야 한다. '높은 위험'을 가졌다는 것은 새로운 영상콘텐츠가 수용자의 소비를 얼마나 충족시키는 것이 가능할지 예측이 불가능하다는 것을 의미한다. 그런데 일단 시장에서 선호하는 대중적 상품으로 인정받아 수요가 증가하면 수많은 이익을 창출하여 '높은 수익'을 갖게 된다. 수많은 영상콘텐츠 사업자들은 후자의

'높은 수익'을 염두에 두고 시장에 참여하는 것이다.

그런데 문제는 언제 '높은 수익'을 창출할 영상콘텐츠가 나타나느냐는 것이다. 위험을 선호하는 참여자(risk-lover)들은 집중적으로 투자하여 '높은 수익'을 기대하고, 위험을 기피(risk-adverse)하는 참여자들은 위험을 분산시켜 최소한 위험에 적정한 수익을 내고자 한다. 이와 관련하여 영화산업에는 '경험법칙'이라는 개념이 있다. 경험법칙이란 10개의 영화 중 1개만이 성공하며, 거기서 나오는 이윤이 다른 9개 실패의 손실을 벌충한다는 것이다. 아무래도 막대한 자본이 필요하기 때문에 이러한 방식은 할리우드 스튜디오가 선호하는 방식이다. 할리우드 스튜디오에서는 해마다 20개 정도의 영화를 제작·배급한다. 이때 성공이 전혀 없을 확률은 단지 12%다. 성공이 전혀 없다는 것은 20개 영화가 연속적으로 모두 실패해야 함을 의미한다. 개별 영화별로 실패할 확률은 $0.9^{20} \times 100$, 즉 92%이다. 반면에 자본력이 약한 소규모 영화사의 경우는 보통 한 해에 2편의 영화를 제작하는데, 이때 소규모 영화사가 한 해에 흥행에 성공하는 영화를 제작하지 못할 확률은 81%다. 운이 좋아서 매우 초기에 크게 성공한 영화를 제작하지 못한다면 정부의 지원이 없는 상태에서 이 영화사는 성공작을 제작할 때까지 생존하기 못할 것이다(장병희, 2013, 174쪽에서 재인용). 이러한 이유로 참여자들은 기업의 다각화나 인수합병 등 다양한 경영전략을 통해 위험을 분산시키고자 한다.[1]

---

[1] 이와 관련해서는 5장에서 논의하게 될 기업의 경쟁전략 중 M&A와 관련이 있으므로 참조하기 바란다.

경험재의 속성이 수요의 불확실성을 가져온다는 의견이 지배적이나, 혹자의 경우는 영상콘텐츠 중에서도 방송콘텐츠와 같은 연속적인 생산물의 유통이 긍정적으로 작용할 수 있다는 의견도 있다. 박소라(2004)는 방송콘텐츠의 경험재적 속성을 유통 창구의 수익극대화 전략에 이용할 수 있음을 주장하였다. 가령 드라마의 경우 일회적인 방영이 아니라 연속적인 에피소드의 방영으로 이루어지는데, 선행 창구에서 먼저 방송된 에피소드는 이후에 방송되는 에피소드의 프로모션 역할을 하게 되어 다양한 후속 창구로의 유통이 이루어진다면 해당 드라마에 대한 전체 수익은 증가할 수 있다는 것이다.

피카드(Picard, 2005)는 미디어 상품을 조금 더 세분하여, 생산방식과 유통의 특성에 따라 단일 생산품(single creation product)과 연속 생산품(continuous creation product)이라는 두 개의 범주로 구분하여 설명한다. 영화나 음반과 같은 단일 생산품은 독특한 개인적 미디어 콘텐츠에 기반을 둔 창의적인 상품을 일컫는다. 이러한 콘텐츠는 주로 프로젝트를 기반으로 하므로 각각의 상품 하나가 단일 회사와 마찬가지이기 때문에 소비자의 주목을 얻기 위한 마케팅과 판매비용에 대한 지출이 필요하다. 반면에 연속 생산품은 연속적으로 보여주는 패키지 내에서 콘셉트가 운용된다. 따라서 콘텐츠 그 자체가 아니라 콘텐츠의 선택과 과정, 그리고 패키징에 중점을 둔다. TV 시리즈와 같은 방송콘텐츠가 대표적인 연속 생산품이다. 습관적인 이용패턴이 존재하기 때문에 단일 생산품에 비해 상대적으로 낮은 마케팅 비용과 판매비용이 소요되며 위험도도 적은 편이다.

비록 방송콘텐츠와 같은 연속물에 대해 시장의 수요 예측 가능성에

대해 언급하고는 있으나 주관적 가치에 의해 소비되기 때문에 계량적
자료만으로 예측하기는 힘들다는 점에서 영상콘텐츠가 지닌 불확실성
은 여전히 주요한 특성으로 남는다.

3. 뉴미디어 도입과 공공재적 특성의 변질

영상콘텐츠는 전달되는 미디어의 특성에 따라 시장경제적 가치가 변화한다. 전통적으로 일반 재화와 구별지어온 영상콘텐츠의 독특한 개념들이 뉴미디어의 도입으로 인해 희석되고 있다. 그중 가장 큰 변화는 공공재적 특성2이다.

가령 방송콘텐츠의 경우, 그동안 전통적으로 공유재의 일환으로 여겨졌던 방송의 전유물이었지만, 시장성이 강한 디지털 미디어와 융합 미디어가 등장하면서 이제는 어떤 미디어에 유통되는가에 따라 콘텐츠의 경제적 지위(position)가 달라지게 되었다. 시청자가 직접적으로 비용을 지불하지 않는 지상파 방송사에서 방영될 때는 순수한 공공재적 성격에 가깝지만, 동일 콘텐츠라도 일정 수준의 가입비를 지불하는 케이블 방송사나 위성방송사에 방영될 경우에는 공공재적 성격이 약화된다. 그리고 유료로 이용하는 인터넷 VOD의 경우는 콘텐츠를 이용할 때 기술적으로 통제되기 때문에 실질적으로 사유재의 성격으로 전환된다. 즉, 미디어의 지불방식에 따라 공공재적 성격이 변화했다고 할 수 있다(김지운·정회경, 2005). 이처럼 다양한 미디어가 존재하는 뉴미디어 시대에는 콘텐츠가 어느 미디어로 이용자에게 도달하느냐에 따라 공공재인지 혹은 사유재인지가 결정된다.

영상콘텐츠 특성이 변화하는 이유는 경제적 동인으로 설명될 수 있

---

2 공공재에 대한 자세한 내용은 제1장 2절을 참조하시오.

다. 시장경제적인 측면에서 볼 때 공공재적 성격을 갖는 상품이 소비자에게 무료로 제공되는 상황에서는 영상콘텐츠 생산에 자원을 투자할 아무런 유인이 존재하지 않는 딜레마가 발생한다(박소라, 2004). 그러나 다(多) 미디어 시대에는 동일한 영상콘텐츠라도 지불방식에 차별을 두는 방식으로 본질적 속성을 변화시킴으로써 무임승차의 문제를 극복할 수 있고, 수익 또한 극대화시킬 수 있다. 장용호(1997)는 이러한 현상을 방송형 뉴미디어에 있어 영상콘텐츠의 공공재적 특성이 비순수 공공재로 전환되는 것으로 설명하고 있다. 비순수 공공재로 전환되기 위해서는 거래비용(transaction cost)과 혼잡비용이 발생하며, 혼잡비용은 거래비용에 영향을 미친다. 그런데 무임승차의 배제 후에도 공공재의 비경합성은 여전히 유지된다. 즉, 일정 비용을 지불하지 않으면 영상콘텐츠를 이용할 수 없도록 기술적 조치를 취함으로써 이용자가 무임승차할 수 없도록 하고 있으나, 다수의 이용자들이 콘텐츠를 반복적으로 소비하더라도 타인의 효용은 감소하지 않는다는 비경합성은 지속된다는 것이다. 이와 같은 변화는 영상콘텐츠 소비의 외부성과 결합하여 거래비용과 더불어 역동적이고도 효율적인 시장을 성립시키는 요인으로 작용한다는 것이다.

영상콘텐츠는 이처럼 공공재와 사유재의 사이에 위치하여 미디어의 특성에 따라 다른 경제적 특성을 지니게 된다. 그런가하면 호스킨스, 맥패디언, 핀(Hoskins, McFadyen & Finn, 2013)은 이를 혼합재(mixed goods)라고 명명하면서, 비용을 지불해야만 관람할 수 있는 영화관이 만석이 아니라면 '비경합적이지만 배제적인 경우'라고 할 수 있으며, 이는 공공재도 아니면서 사유재도 아닌 혼합재가 된다고 정의하였다.

이러한 사례는 뉴미디어 시대의 플랫폼 이용에서도 빈번하게 나타난다. 가령 일정한 비용을 지불하고 다운로드받아 이용한 영화는 비용적인 측면에서 배제적이지만, 나의 소비가 다른 사람의 소비에 영향을 미치지 않는다는 점에서 여전히 비경합적이다.

이와 같이 인터넷을 기반으로 하는 뉴미디어 시대에 나타나는 영상콘텐츠의 특성들은 기존의 미디어가 지녔던 시간과 공간적 제약에서 해방됨으로써 이용자의 영상콘텐츠 선택폭을 더욱 확장시고 다양한 차원의 소비를 촉진시키고 있다.

■ 재전송에 대한 논쟁, 저작권과 시청자 권리 사이에서

케이블 채널의 등장으로 시청자는 더욱 많은 채널을 접하게 되었지만, 동시에 방송 시장의 경쟁 과다로 시장 수요에 제약을 받기도 한다. 그중 대표적인 사례가 지상파 방송사와 케이블 방송사 간에 지속적으로 논쟁이 되고있는 '재전송'과 관련된 사항이다. 케이블은 더 적은 비용으로(혹은 무료로) 지상파의 프로그램을 전송하고자 하는 반면, 지상파는 시장경제의 논리를 기반으로 한 대가를 받고자 한다. 양자 간의 갈등이 합의를 보지 못하면서 심지어는 케이블 전송 사업자가 지상파 방송사의 채널을 내보내지 않고 블랙아웃 화면으로 내보내는 사건까지 일어났다. 이와 같은 사건을 두고 '저작권'에서 보는 관점과 '시청자 권리'에서 보는 관점이 첨예하게 대립하고 있다. 예를 들어 케이블TV 가입자들이 인기드라마 〈별에서 온 그대〉와 같은 지상파 방송 프로그램을 볼 때, 지상파 방송국의 저작권을 존중할 것인지, 시청자 권리를 우선할 것인지가 논쟁이 되는 것이다.

이와 같은 재전송 분쟁이 발생하는 가장 큰 이유는 민영방송 및 공영방송의 구분과, 지상파의 보편적 서비스에 대한 개념 규정이 모호하다는 점이다. 저작권 관점에서는 지상파 방송콘텐츠가 방송법을 넘어 저작권, 저작인접권 등이 적용돼야 하며, 재전송 대상인 지상파 방송콘텐츠의 가치를 저작권 개념에서 인정하고, 방송사가 사적 계약을 통해 경제적 이익을 받을 수 있게 해야 한다고 보았다.

  반면에 공공성을 강조하는 입장에서는 공공성과 공익성을 바탕으로 한 지상파 콘텐츠는 일반 상품과 구분해야 한다고 보았다. 왜냐하면 지상파 방송콘텐츠에 저작권을 인정해 사적 계약이 이뤄지면 정부 차원에서 규제가 어려워지고, 결론적으로 시청자 보호도 힘들기 때문이다. 그러나 결국 재전송의 문제는 사업자 간의 논쟁이 고스란히 시청자의 불이익으로 연결된다는 점에서 시청자 보호의 입장에서 논의되어야 하는 문제라고 할 수 있을 것이다.

4. 네트워크 외부효과

영상콘텐츠를 소비하기 위해서는 반드시 매체를 이용하여 영상을 구현해야 한다. 아무리 품질이 좋은 영상콘텐츠를 제작하더라도 이를 담을 매체가 없다면 소용없다. 따라서 영상콘텐츠 시장에서 콘텐츠만큼 중요한 이슈가 되는 것이 바로 매체이다. 그리고 이와 같이 영상콘텐츠는 재화 자체의 경제적 속성 이외에도 소비되는 수단으로 인해 다른 재화와 구분된다. 영상콘텐츠를 수용자에게 전달하는 매체에 대한 소비 정도가 효용에 영향을 미치게 되는데, 이를 네트워크 외부효과로 설명할 수 있다.

네트워크 외부효과(*network externality*) 란 타인의 소비가 나의 효용에 영향을 미치는 것을 말한다. 네트워크 외부효과에는 긍정적 효과와 부정적 효과가 있다. 긍정적 네트워크 외부효과는 동일한 매체(혹은 상품)를 사용함으로써 연결망을 형성하고 있는 사람들이 많을수록 효용이 커지는 것을 말한다(박소라, 2004 ; 임정수, 2012). 특정 매체에 대한 이용자가 증가할수록 여기에 유통되는 방송콘텐츠의 네트워크 외부효과가 발생하고, 이는 곧 콘텐츠 수익의 일환이 된다.

방송콘텐츠의 경우를 보자. 방송콘텐츠는 TV 수상기, PC, DMB 단말기 등과 같은 매체를 통해 수용자에게 전달된다. 이때 매체에 대한 다수의 소비가 있을 경우에는 긍정적인 네트워크 외부효과가 발생하게 된다. 또한 긍정적 네트워크 외부효과의 가장 고전적 사례가 바로 전화이다. 전화는 상호작용적인 커뮤니케이션 수단이기 때문에 한 사람만 소유하고 있으면 소용이 없다. 많은 사람이 전화를 소유할수록 전화 이용량도 증가하고 이것이 수익으로 연결되어 효용을 증가시키게 된다. 특히 2009년에 등장한 스마트폰이 급격히 대중화된 현상은 이와 같은 긍정적 네트워크 외부효과가 발생한 전형적 사례이다. 스마트폰의 도입과 함께 소셜 미디어의 이용 역시 급격히 증가하였다. 소셜 미디어는 개인 간 연결망으로 이루어지는 전형적인 네트워크 매체로, 이용자 수가 증가할수록 효용이 커진다. 올드미디어 시대의 유선전화로는 한계가 있던 시공간적 제약을 탈피한 이용이 뉴미디어 시대의 스마트폰을 통해 가능해지면서 이용자 간 효용 역시 증가한 것이다.

반면에 부정적 네트워크 외부효과는 이용자의 수가 늘어날수록 효용이 감소하는 경우이다. 즉, 동일한 매체(혹은 상품)를 이용하는 사람이 많을수록 효용이 작아지는 것을 말한다. 미디어 환경에서 부정적 네트워크 외부효과가 발생하는 경우 중 하나가 바로 인터넷 트래픽 과부하로 인한 이용의 불편함이다. 다매체 환경에서는 월드컵과 같은 국가적 이벤트가 개최될 경우 TV 수상기뿐 아니라 인터넷 스트리밍 서비스를 통해서도 실시간 시청을 하게 될 경우가 많은데, 특정 시간대에 이용자가 집중될 경우 인터넷 트래픽 과부하가 발생하여 프로그램 이용이 어렵게 되고 소비자 효용이 감소하게 된다. 기업들은 네트워크 외부효과 발생을 최소화하기 위해 트래픽을 효율적으로 분배·관리하고 있다.

제 4 장

· · ·

영상콘텐츠 시장의
개념과 특성

이 장에서는 영상콘텐츠의 독특한 특성인 이중 제품적 시장에
대해 설명한다. 본래 영상콘텐츠가 가지고 있던 이중 제품적
특성이 뉴미디어 시대에도 확장되고 있다. 또한 시장 획정의
개념에 근거하여 영상콘텐츠가 거래되는 미디어 시장을 획정
하는 기준을 소개한다. 미디어 시장은 재화에 의한 시장 구
분, 서비스에 의한 시장 구분, 지리적 시장에 의한 구분, 시
간적 차원에 의한 시장 구분으로 창구화라는 네 가지 차원을
중심으로 논의하고 있다.

1. 영상콘텐츠 시장이란?

영상콘텐츠 시장이란 말 그대로 방송 프로그램, 영화, 게임과 같은 영상콘텐츠가 거래되는 시장이다. 그러나 3장에서 정리한 바와 같이 영상콘텐츠는 일반 재화와는 다른 특성을 가지고 있기 때문에 우리가 알고 있는 시장경제와는 차이가 있다. 그럼에도 불구하고 기본적으로는 시장의 작동원리에 의해 거래되기 때문에 영상콘텐츠의 시장을 이해하기에 앞서 '시장'이라는 개념에 대한 이해가 필요하다.

시장이란 무수히 많은 기업들과 개인들의 결정에 의해 생산과 소비가 이루어지는 곳으로, 일반적으로 시장경제(*market economy*)가 작동하는 곳을 일컫는다(Krugman & Wells, 2008). 시장에서는 수요와 공급 법칙에 의해 가격이 결정되고 거래가 이루어진다. 가격이 결정되는 지점은 재화를 판매하는 공급자의 이윤과 재화를 구매하는 수요자의 효용이 극대화되는 곳이다. 즉, 수요와 공급이 교차하는 균형점에서 가격이 결정되는 것이다.

시장에서 이와 같은 수요와 공급의 원리가 작동하는 이유 중 하나는 거래하는 자원이 무한한 것이 아니라 이용하면 그만큼 없어지는 한정된 자원이라는 희소성 때문이다. 생산자와 소비자는 한정된 자원을 두고 각자의 이윤을 극대화하는 방향으로 시장에 참여하게 되는 것이다. 사람들이 오가는 웬만한 장소라면 어디에서든 발견할 수 있을 만큼 보편화된 커피를 예로 들어보자. 커피의 재료인 원두가 지속적으로 생산되기는 하지만 무한하게 소비할 수 있는 것이 아니라 누군가 소비하는 만큼 다른 누군가는 소비할 수 없다는 측면에서, 커피는 경합성을 가진 사유재이자 한정된 자원이라고 할 수 있다. 만약 커피를 생산하는 콜롬비아의 어느 농장이 문을 닫게 되면 커피 생산량이 감소하고 전체 공급량 또한 감소한다. 그런데 수요가 이전과 동일하다면 이는 곧 커피 가격의 상승으로 이어진다. 이처럼 일반적으로 시장경제에서 커피의 가격은 커피 공급자와 소비자의 이윤이 교차하는 지점에서 결정된다.

영상콘텐츠 시장은 이러한 광범위한 시장영역 중 하나이다. 커피 거래가 이루어지는 시장이 있는 것처럼 영상콘텐츠의 거래가 이루어지는 시장이 있는 것이다. 그런데 영상콘텐츠 시장은 다른 시장과 달리 영상콘텐츠가 갖는 독특한 성질로 인해 복잡한 시장구조를 가지고 있다. 그리고 영상콘텐츠 시장의 본질과 기본 구조들이 영상콘텐츠 관련 사업자들의 시장행위에 영향을 미친다.

2. 이중 제품적 시장

영상콘텐츠는 '제작-배급-방영'이라는 시장구조 속에서, 상품 그 자체와 이를 시청하는 시청자의 규모까지 포함되어 거래되는 경제적 특성을 지니고 있다(최양수·조성호, 1996). 이러한 특성으로 인해 미디어 기업들은 한 가지 제작물을 만들어내지만 두 개의 별개시장에 참여하는데, 이를 이중 제품적 시장이라고 한다.

두 개의 시장 중 하나는 콘텐츠의 생산자가 구매자에게 직접 콘텐츠를 판매하는 재화시장이며, 다른 하나는 대(對) 수용자 접근권(access to audiences)을 파는 시장이다.

영상콘텐츠 중 이중 제품적 시장의 특성을 가장 잘 드러내는 사례로 방송 프로그램을 들 수 있다. 지상파 방송사나 케이블 방송사는 프로그램을 제작하여 자사 채널에 편성하기도 하고, 다른 방송사나 기업에 이를 판매하기도 한다. 프로그램을 직접 판매하는 미디어 재화시장에서 이루어지는 수익 모델은 상거래 비즈니스 모델이다. 반면에 프로그램을 편성할 경우에는 광고를 기반으로 하는 수익모델을 갖는다. 즉, 방송사는 해당 프로그램을 시청하는 수용자 집단의 시간을 광고주에게 판매함으로써 수익을 확보하는 것이다.

피카드에 따르면(Picard, 1992), 영상콘텐츠의 재화시장과 대 수용자 접근권을 판매하는 광고시장은 상호 독립적인 것이 아니라 매우 긴밀하게 연결되어 있다. 왜냐하면 특정 프로그램이라는 재화의 판매란 곧 시청 여부를 의미하는데, 이는 보통 시청률로 측정되며 시청률은 광

〈표 4-1〉 KBS2의 편성표와 광고요금 사례

(단위: 천 원)

급	시	월	화	수	목	금	급	시	토	일	시	급
C	6	굿모닝 대한민국 1부(870)					C	6	노장불패(975)	생생정보통 스페셜(975)	6	C
B	7	굿모닝 대한민국 2부(2,190)					B	7	생생정보통 스페셜(2,430) / 만화동산(3,045)	일요뉴스타임(1,740) / 영상앨범 산(3,045)	7	B
A	8	KBS 아침뉴스타임(2,790)					A	8	특파원 현장보고(3,240)	퀴즈쇼사총사(3,240)	8	
	9	TV소설(5,025)					B	9	슈퍼맨이 돌아왔다(3,450)	1박 2일(6,900)	9	
B	10	여유만만(3,195)						10	영화가 좋다(5,025)		10	A
		지구촌 뉴스(1,950)						11	안녕하세요 스페셜(4,620)	출발드림팀 시즌2(6,075)	11	
		사랑의 가족(1,650)								해피투게더 스페셜(5,190)		
	12	중략						12	중략		12	
중략												
	9	위기탈출 넘버원(10,530)	1대100(10,365)	비타민(10,680)	마마도(10,500)	가족의품격 풀하우스(10,635)		9	연예가중계(11,895)	개그콘서트(12,630)	9	
S A	10	월화 드라마(13,200)		수목드라마(13,200)		VJ 특공대(11,925)	S A	10			10	S A
	11	안녕하세요(10,695)	우리동네 예체능(11,115)	맘마미아(10,515)	해피투게더(11,115)	사랑과전쟁2(10,935)		11	추적60분(9,075)	다큐멘터리 3일(8,715)	11	
B	12					유희열의 스케치북(4,380)		12	인간의조건(10,260)		12	
	1	스포츠하이라이트(3195)		세상의모든다큐(1830)		리얼체험 세상을품다 (재)(990)	A	1	비바점프볼(3,645)	드라마스페셜(7,095)	1	B
C		해외걸작드라마(1830)										
	2	특파원현장 보고(재)(990)	영상앨범 산(재)(990)	다큐3일(재)(990)	걸어서세계속 으로(재)(990)		B	2		생생정보통 스페셜(2,235)	2	C

고주에게 시간대를 판매할 때 가격 책정의 기준으로 이용되는 등의 영향을 미치기 때문이다. 시청률은 조사회사가 자사에서 보유한 패널을 대상으로 '피플미터'라는 기계를 이용하여 어떤 프로그램을 어떤 특성을 가진 수용자가 얼마나 많이 시청하였는지를 측정한 결과치이다. 프로그램의 시청률과 함께 방송 프로그램이 방영되는 지역이나 채널의 성격도 광고료 책정에 중요한 변수로 작용한다. 가령, 같은 지상파 방송사라고 하더라도 전국으로 송출되는 KBS 채널의 광고료가 서울지역에만 송출되는 SBS보다 높게 광고료가 책정된다. KBS의 시청권역이 SBS보다 넓기 때문에 수용자 집단이 더 크다고 보기 때문이다. 또한 시간대에 따라서도 수용자 집단의 접근권에 대한 가치 평가가 다르다. 일반적으로 하루 중 가장 방송 프로그램 시청자가 많은 시간대는 퇴근시간대부터 취침 전까지로, 방송법에서는 평일 저녁 7시부터 11시까지, 주말 저녁 6시부터 11시까지를 프라임 시간대로 규정하고 있다.

전통적인 방송시장에서뿐만 아니라 인터넷의 등장으로 뉴미디어 시대에도 이중 제품적 시장의 형태가 더욱 다양해졌다. 인터넷 포털 광고가 가장 대표적인 사례이다. 인터넷 포털의 경우 다양한 영역의 콘텐츠를 온라인 서비스를 통해 제공하고 있다. 이용자들이 서비스를 이용하기 위해서는 우선 인터넷을 이용할 수 있는 망에 접속한 후, 무료 콘텐츠를 이용하거나, 또는 특정 콘텐츠의 경우에는 소정의 비용까지 지불하고 구매하기도 한다. 즉, 콘텐츠를 직접 이용하는 시장이 존재한다. 다른 한편으로는 검색광고[1] 등을 통해 마치 방송 프로그램의 대 수용자

---

1 검색 기반 광고(*search-based advertising*)는 검색 서비스를 통해 광고주의 웹 사이트

접근권을 거래하는 것과 마찬가지로 해당 포털의 이용자 규모를 근거로 책정된 광고요금을 받고 광고주에게 웹사이트를 연결해준다. 이와 같이 미디어가 새로워진 인터넷 포털 중심의 영상콘텐츠 이용 시에도 콘텐츠의 구매(거래)라는 직접 이용과 함께 이용자 클릭수를 근거로 한 접근권을 광고주에게 판매하는 이중 제품적 시장의 특성이 존재한다. 뉴미디어의 시대가 이중 제품적 시장을 확대시킨 것이라고 할 수 있다.

■ 양면 시장, 다면 시장

영상콘텐츠 시장에 존재하는 시청자와 광고라는 서로 다른 차원의 이중적 시장(*dual market*)은 두 시장의 상호작용성이 긴밀한데, 이를 양면 시장의 특징으로 설명할 수 있다. 특히 방송 프로그램이나 영화와 같은 영상콘텐츠는 특정 플랫폼을 소비하는 소비자의 수가 늘수록 관련기기의 가격이 하락하고 광고주의 수요가 증가하게 된다. 이러한 특징으로 인해 영상콘텐츠 시장은 대표적인 양면 시장(*two-sided market*)의 하나로 취급된다(강홍렬 외, 2011).

양면 시장이란 서로 다른 두 유형의 이용자 집단이 플랫폼을 통하여 상호 작용을 하며, 이때 창출되는 가치는 간접적 네트워크 외부성의 영향을 받는 시장을 의미한다(이상규, 2010, 75쪽). 간접적 네트워크 외부효과란 어느 한 측면의 가입자 또는 이용량의 증가가 다른 한 측면 시장의 효용에 미치는 영향을 일컫는다. 가령 미디어 시장에서 유료가입자의 증가가 홈쇼

에 대한 연결 고리를 보여주는 방식의 광고이다. 검색 엔진 광고 서비스 등을 통해 이루어진다(위키피디아 해당항목 참조).

핑 채널 사업자의 수익 증대를 가져오는 현상이 간접적 네트워크 외부효과의 대표적인 사례이다. 양면 시장에서의 외부성은 동일한 집단에 속한 이용자 간에 존재하는 것이 아니라, 서로 다른 그룹에 속한 이용자 집단의 소비행위로부터 발생하는 것이다.

이때 양면 시장의 필요조건 중 하나로서 에반스(Evans, 2003), 에반스와 쉬말렌시(Evans & Schmalensee, 2008)는 높은 거래 비용으로 인하여 서로 다른 고객군들이 자체적인 노력으로 직접 거래하는 것이 불가능하기 때문에 교차 네트워크 외부성을 내부화하는 것은 불가능하다고 하였다. 그러나 미디어 기술의 발전으로 미디어가 점차 사적인 영역에서 이용되기 시작하면서 개인 간, 혹은 다른 플랫폼에 있는 이용자 간 거래가 가능해졌다.

따라서 네트워크 외부성의 내부화 불가만으로는 양면 시장의 정의가 어렵다고 이야기한다. 특정 시장에서의 수요가 다른 한편에 있는 수요량에 의존하기 때문에 가격을 설정할 때 가격변화에 따른 그 면에서의 서비스 수요의 변화뿐만 아니라, 그 면의 수요 변화에 따른 다른 면에서의 수요 변화, 즉 간접적 네트워크 효과, 그리고 각 면에서의 서비스 제공의 한계비용을 통합적으로 고려해야 한다는 것이 양면 시장 이론의 핵심이다(Rochet & Tirole, 2006).

3. 미디어 시장의 획정과 기준

시장의 획정이란 관련 시장을 기준으로 시장을 구분하는 것을 의미한다. 일반적인 의미의 시장과 공정거래위원회(이하 공정위)나 미국 법무성(Department of Justice: DOJ) 등 규제기관에서 언급하는 '관련시장'은 서로 다른 의미를 가지고 있다. 일반적인 의미의 시장은 이른바 경제적 시장(*economic market*)을 의미하는 것으로 '가격의 형성에 기여하는 모든 상품을 포함하는 시장'을 의미한다. 반면에 관련시장(*relevant market*)은 '가상적 독점 사업자 또는 카르텔(*cartel*)이 시장력(*market power*)을 보유할 수 있는 최소 범위의 상품군'으로 정의하고 있다(이수일·김정욱·조숙진, 2008).

따라서 시장 획정을 위해서는 기본적으로 상품의 범위와 거래지역의 범위를 획정해야 한다. 그러나 시장의 획정은 매우 다양한 차원이 고려되기 때문에 명료하게 정의를 내리기는 어렵다. 시장 획정의 문제는 단순한 영역이나 관할의 의미가 아니라, 사업자 간 공정경쟁을 위한 규제와 원칙을 만들어내는 데 중요한 요인으로 작용한다. 일반적으로 시장 획정의 목적은 시장지배적 사업자의 불공정 거래를 막기 위함이다.

보통 영상콘텐츠가 거래되는 미디어 시장의 획정은 재화나 서비스 시장과 지리적 시장에 의해 확정된다. 또한 인터넷을 기반으로 한 새로운 플랫폼이 등장함에 따라 지리적 시장의 경계가 희석되면서, 공간적 차원인 지리적 시장을 기반으로 한 미디어 시장의 획정보다 시간적 차원을 기준으로 한 다차원적 시장에 대한 논의가 함께 진행되어야 할 것이다.

1) 재화에 의한 시장 구분

영상콘텐츠라는 재화와 이를 공급하는 서비스에 의해 시장을 구분한다는 것은 경제학에서 논의되어온 제품차별화(*product differentiation*) 라는 전략이 그 기준이 된다. 제품차별화란 자신의 제품이 산업 내 다른 기업들의 제품과는 다르다는 생각을 소비자에게 인식시키려고 하는 기업들의 노력을 의미한다. 만일 기업들이 소비자에게 그런 인식을 심어줄 수 있다면 더 높은 가격을 받을 수 있다.

영상콘텐츠 시장에서 재화에 의한 제품차별화 전략은 수용자의 선호를 고려한 판매전략이라고 볼 수 있다. 따라서 장르를 기준으로 시장을 구분하는 것이 바로 제품차별화에 해당한다고 할 수 있다. 장르는 스토리를 풀어가는 공통된 코드를 가진 것을 의미한다. 사람들이 보편적으로 좋아하는 장르가 존재할 수 있을지는 모르지만, 모든 사람들이 한 장르의 영상콘텐츠를 선호하는 것은 아니다. 가령 TV 드라마를 즐겨보는 사람이 있다면, 드라마보다는 뉴스를 선호하는 사람들이 있다. 그리고 드라마나 뉴스보다는 예능 프로그램을 더 선호하는 사람들이 있게 마련이다. 영상콘텐츠 시장에서 재화에 의해 시장을 구분하는 것은 이와 같이 장르적 기준으로 구분하는 것이라고 할 수 있다.

영상콘텐츠 분야에서 장르가 중요한 이유는 장르란 일종의 관습으로 장르에 이용자의 기대 소비가 내재되어 있기 때문이다. 그래서 영화와 같은 경우 다양한 장르를 혼합하여 더 많은 관객을 흡수하고자 한다. 코미디, 멜로, 액션과 같은 단일 장르보다는 코믹 멜로, 액션 코미디 등과 같이 여러 개의 장르적 특성이 혼합된 영화로 장르를 홍보함으로써 멜로라는 장르에 기대하는 관객과 코미디라는 장르에 기대하는 관객 모두를 유인하고자 하는 것이다.

2) 서비스에 의한 시장 구분

영상콘텐츠 시장에서 서비스에 의한 시장 구분은 곧 전송방식의 차이에 의한 시장의 구분이라고 할 수 있다. 전송방식이란 방송콘텐츠 시장의 경우 지상파, 케이블, 인터넷, 위성 등과 같이 콘텐츠의 송출 방식과 전달 방식이 다른 것을 의미한다. 즉, 기술전송수단에 따라 지상파, 케이블, 위성방송을 분리하여 시장을 획정하는 방안이다. 케이블과 위성방송의 경우, (구)방송위원회는 두 플랫폼 간 서비스 채널의 유사성과 서비스 가격의 유사성, 수용자의 대체가능성이 높기 때문에 동일시장으로 봐야한다고 주장하고 있다(김도연, 2006; 김희수, 2007). 윤충환·이인찬(2001) 역시 케이블의 채널당 요금이 높을수록 위성방송 가입 확률이 높아진다는 연구를 토대로, 두 플랫폼 간 대체성이 존재하고, 따라서 이 두 시장은 동일시장으로 획정해야 한다고 주장하였다. 이러한 기준으로 볼 때 방송시장은 지상파 방송시장과 유료 다매체 채널시장으로 양분할 수 있다.

또한 서비스가 유료인지 무료인지에 따라 다른 시장으로 구분하기도 한다. 즉, 지불 방식 및 재원에 따른 시장 획정 방법이다. 유료 방송사인 케이블이 도입되기 전인 1990년대 중반 이전만 하더라도 방송이라는 영상콘텐츠는 공공의 자원인 전파에 의해 전송되는 공공재로, '무료'로 이용되는 것이 일반적이었다. 그러나 케이블 방송이 도입되면서 소

<표 4-2> 영상콘텐츠 사업자별 시장 구분 기준

사업자명	전송 방식	콘텐츠 유형	비즈니스모델	지리적 시장
KBS	지상파	방송 프로그램(종합)	광고	전국
TVN	케이블	방송 프로그램(오락)	상거래 / 광고	지역
JTBC	케이블	방송 프로그램(종합)	상거래 / 광고	지역(전국)
Qook TV	통신망 / 인터넷	방송 프로그램, 게임, 오락	상거래	전국
Skylife	위성	방송 프로그램(종합)	상거래 / 광고	전국
NHN	통신망 / 인터넷	정보 / 뉴스	광고	전국(글로벌)
CNN	위성 / 케이블	보도	상거래/광고	글로벌

정의 비용을 수신료로 지불해야만 원하는 케이블 방송 프로그램을 볼 수 있게 되었다. 또한 인터넷이 보편화되고 VOD를 이용할 수 있게 되면서는 더 이상 광고를 보게 하는 방식으로는 접근권을 허락하지 않고, 그 대신 직접 콘텐츠를 구매하여 이용하는 것이 가능해졌다. 즉 비용 지불 여부에 따라 기존의 무료시장과 케이블 방송사 및 VOD 이용이라는 유료시장으로 나뉜 것이다. 국내 사업자 중 공중파, 케이블, IPTV, 위성, 인터넷TV 등의 매체를 중심으로 전송 방식, 콘텐츠 유형 등에 대해 살펴보면 〈표 4-2〉와 같다.

3) 지리적 시장에 의한 구분

(1) 국내시장

지리적 시장에 의한 시장의 획정은 미디어가 제공하는 범위에 따른 구분을 의미한다. 지리적 시장은 크게 국내시장과 해외시장으로 구분하여 살펴볼 수 있다. 먼저 국내시장에서 지리적 시장에 의한 시장의 구

〈표 4-3〉 국내 SO 사업자의 전국 분포

서울	27	강원	3
경기	11	충남	3
대구	9	전북	3
부산	8	전남	3
인천	5	충북	2
경북	5	대전	2
경남	5	울산	1
광주	3	제주	1
합계		91	

미래창조과학부 · 방송통신위원회(2013), 《2013년 방송산업 실태조사 보고서》, 249쪽

분은 방송 시장의 허가 제도와 관련이 깊다. 방송통신위원회는 방송 구역에 따라 전국과 지역으로 시장을 획정한다. 지상파 방송사의 경우 KBS는 총국의 형태로 운영되고 있으며, MBC는 서울과 지역 방송사가 독립된 계열사 구조로 운영되고 있다. 그리고 SBS는 수도권 지역에서만 방송을 할 수 있도록 허가 받은 문자 그대로 '서울방송'이다.

지상파 방송사보다 채널 선택의 폭이 큰 종합유선방송사(SO, *System Operator*, 흔히 '케이블 사업자'라고 불림)의 경우에는 각 지역의 미디어 시장의 크기, 범위, 인구 규모 등을 고려하여 허가하는 SO의 수가 정해진다. 심사기준과 절차를 규정한 방송법 제10조에서도 "미래창조과학부장관은 종합유선방송사업을 하고자 하는 자를 허가할 때에는 특별시장 · 광역시장 또는 도지사(이하 '시 · 도지사'라 한다)의 의견을 들어야 한다"고 명시함으로써, 지리적 시장에 의해 구분하도록 하고 있음을 알 수 있다.

케이블 방송 시장은 프로그램을 공급하는 방송채널사용사업자 시장과 공급받은 프로그램을 송출하는 플랫폼 역할을 하는 SO 시장으로 구분할 수 있다. 방송채널사용사업자의 경우 다양한 장르의 채널 제공에 대한 관심을 중심으로 논의되어 왔으며, SO의 경우는 지역별로 허가하기 때문에 방송권역에 대한 시장획정의 문제가 주요한 논의의 중심이 되었다. 2013년 6월 현재, 국내 SO 사업자의 개수는 총 91개이며, 인구 규모가 가장 큰 서울에 가장 많은 27개 사업자가 분포한다.

(2) 해외시장: 한류

한편 해외시장으로의 유통 역시 지리적 시장에 의한 구분으로 설명할 수 있다. 국내시장과 해외시장의 구분은 공간 차원을 활용한 가격 차별화라고 할 수 있다. 일반 재화 시장에서 자주 언급하는 사례 중 하나가 자동차 수출이다. 동일한 제품이라도 국내에서의 판매 가격과 해외에서의 판매 가격에 차별을 두는 것이다. 왜냐하면 두 시장은 지리적으로나 경제적으로나 완전히 독립된 시장으로서 소비자가 중복되지 않는다고 보기 때문이다. 가령 서울과 제주도에서 빙수를 판매한다고 가정해 보자. 얼음 알갱이까지도 똑같은 동일한 품질의 빙수를 판매하지만 그 가격은 다르게 책정할 수 있다. 서울에서 5천 원에 판매하고 제주도에서 4천 원에 판매한다고 하더라도, 천 원이 더 저렴한 빙수를 먹기 위해 배나 비행기를 타고 제주도를 가는 소비자는 거의 없을 것이기 때문에 동일 제품에 대한 가격 차별화가 가능한 것이다.

영상콘텐츠 분야의 지리적 시장에 의한 구분은 일반 재화와는 조금 다른 측면에서 논의될 수 있다. 문화 상품의 거래는 일반 재화와 달리

정치적인 요인뿐 아니라 해당 국가 고유의 사회문화적인 요인에의 영향을 받기 때문에 경제적 논의와 함께 문화적 논의가 함께 이뤄진다.

영상콘텐츠 분야 중 해외시장으로 가장 먼저 유통시장을 확대한 분야는 방송콘텐츠, 그중에서도 드라마 콘텐츠 분야이다. 방송콘텐츠의 지리적 유통시장은 주로 2000년 한류를 기점으로 해외시장에 대한 논의들이 많았다. 한류 초기의 연구가 주로 일본과 동아시아 시장을 대상으로 하였다면, 최근에는 북미 시장과 중동지역으로 지리적 확장을 위한 논의가 이루어지고 있다.

국내 미디어 시장은 지리적 시장 규모가 협소하여 공간적 차원의 후속 시장이 거의 발달할 수 없기 때문에 이러한 내수 시장의 한계를 극복하기 위한 대안으로 해외시장으로 유통시장을 확대하고 있다.

드라마에서 물꼬를 튼 한류는 이후 영화, K-POP, 게임, 웹툰 분야까지 확대되어 다양한 장르의 영상콘텐츠가 해외시장으로 유통 영역을 확장하고 있다.

4) 시간적 차원에 의한 시장 구분: 창구화

국내 미디어 시장의 발달에 촉매제 역할을 한 것은 지리적 경계를 허문 인터넷의 도입이라고 할 수 있다. 특히 국내 미디어 시장은 지리적 시장 규모가 협소하여 공간적 차원의 후속 시장이 거의 발달되지 않았기 때문에 유통의 확장에 있어 시간적 차원에 더 크게 의존하고 있는 편이다. 특히 기술의 발전으로 매체의 창구가 증가함에 따라 시간적 축을 기준으로 한 후속 시장이 보다 다양해지고 있다.

시간적 차원과 관련된 방송콘텐츠의 유통전략에 대한 논의로는 후속 창구에서의 방송콘텐츠 유통을 단순 재활용으로 보는 시각과, 수익극 대화를 위해 시간에 따라 가격차별화를 실시하는 창구화(windowing) 전략으로 보는 시각이 있다.

우선 방송콘텐츠의 재활용에 대한 연구는 주로 지상파 방송사와 케 이블의 관계에 주목하는 경우가 많다. 워터만과 그랜트(Waterman & Grant, 1991)는 지상파 프로그램의 후속 시장으로서의 케이블 텔레비 전에 대하여 살펴보기 위해 프로그램의 제작과 배급을 실증적으로 분석 하였다. 분석 결과 케이블 텔레비전이 자체제작 프로그램보다는 지상 파 프로그램을 구매하여 재방영하는 비율이 높았으며, 시청자들 역시 지상파 프로그램을 많이 선택하였음을 밝혀냈다. 즉, 케이블 초기 당 시 새로운 종류의 프로그램이 제공될 것이라는 예상과 달리 기존 매체 에서 제작한 콘텐츠의 후속 시장 기능에 주력하고 있다는 것이다. 그들 은 케이블 텔레비전이 독자적인 시장의 역할을 하기보다는 지상파 방송 프로그램의 후속 시장으로서의 역할이 강하다고 주장하였다. 국내에서 도 동일한 현상이 나타나고 있음을 주목한 연구가 있다. 주영호・황성 연(2007)은 국내 케이블 방송의 편성 역시 지상파 콘텐츠에 편중되어 있어 지상파 방송사의 재활용 창구 성격이 강하다고 보았다. 연보영・ 임성원(2009)도 이러한 시각에서 케이블TV의 방송콘텐츠 재활용 성과 에 대해 연구하고 있다. 이들 연구는 비교적 시간이나 매체 간 마모성 이 적은 드라마 장르를 분석대상으로 하고 있는 것이 특징이다.

반면에 보다 다양한 매체의 등장에 주목하고, 해당 매체별로 시간에 따른 차별화 전략으로서 선택한 창구화에 대해 논의한 연구들이 있다.

이들은 매체 다변화로 나타나는 방송콘텐츠의 매체전략에 주목한다. 박소라(2004)는 매체가 증가함에 따라 나타나는 방송 프로그램 유통시장의 변화에 대해 실증적으로 분석하였다. 분석 결과, 다양한 신종 매체가 등장함으로 인해 지상파 방송콘텐츠 소비자가 시간차를 두고 배분되고 있음을 밝혀냈다. 그는 지상파 시청률이 하락하는 이유는 다양한 매체가 출현하면서 이용자가 실시간 동시시청에만 의존했던 과거와 달리, 시청가능한 시간대를 선택하는 것이 용이해졌기 때문에 이러한 현상이 나타난다고 보았다. 그리고 케이블이나 위성방송은 여전히 독자적인 콘텐츠가 지배적이라기보다는 기존 영화나 지상파 방송콘텐츠의 2차적 시장 기능에 머물고 있다고 주장하였다.

이후 매체전략을 보다 구체적으로 살펴보기 위해 김은미・박소라(Kim & Park, 2008)는 디지털 환경에서 TV드라마의 배급 패턴이 어떻게 변화하는가를 분석하였다. 2004년부터 2006년까지 국내 지상파 3사에서 주 시청시간대에 방영된 드라마의 배급 패턴을 살펴본 결과, 일시적으로 창구화가 선형적인 연속성을 나타내다가 모든 배급채널에 대해 동시적인 배급전략으로 대체되고 있음을 들어, 새로운 디지털 기술이 새로운 배급채널을 요구하고 있음을 밝혀냈다. 매체 다변화 환경에서 지상파 방송콘텐츠는 짧은 시간차를 두고 거의 동시다발적으로 주요 창구로 배급이 완료되는 단기간의 창구화를 거치기 때문에 시간차 기준이 불분명해졌다는 것이다(이문행, 2010).

이와 같이 재활용이나 시간차 배급전략과 같이 창구 간 관계에 주목한 연구들은 후속 창구의 성과에 영향을 주는 요인을 살펴보았다. 관련된 연구결과를 보면, 우선 김은미(Kim, 2004)의 연구에서는 영화 콘텐츠가 이전 창구에서의 품질에 대한 일종의 보증이 이후의 성과에 영향을 미친다는 결과가 나왔다. 이를 품질 시그널링(*quality signaling*) 효과라고 한다. 방송콘텐츠 역시 이전 창구에서의 프로그램의 성과, 장르, 예산이 후속 창구에서의 주요 성공요인이 된다는 연구들이 있다(Park, 1998; Wildman & Robinson, 1995; 정윤경, 2001). 반면에 선행 창구인 지상파 방송사와 후속 창구인 VOD와의 성과 간의 상호관계에 관해 조사한 박소라와 김병순(Park & Kim, 2004)의 연구에서는 TV 프로그램이 인터넷 VOD 서비스를 통해 가격 차별화를 시도하고 있는 것에 대해, 인터넷 유료 VOD서비스 이전과 이후의 TV시청률을 비교한 결과 드라마의 시청률이 유료 VOD서비스전략에 영향을 미치지는 않은 것으로 나타나기도 하여, 창구 간 관계와 그 특성에 따라 다르다는 것을 알 수 있다.

■■ 한류의 진화: 뉴미디어와 한류

흔히 한류 하면 떠오르는 것은 드라마 〈겨울연가〉이다. 그러나 2003년 〈겨울연가〉가 일본에 한류 붐을 가져 오기 전인 1997년 즈음에 이미 중국에서 한류가 시작되었다. 동아시아 지역을 중심으로 '한류'라는 용어를 유행시킨 최초의 콘텐츠는 바로 MBC 드라마 〈사랑이 뭐길래〉이다. 국내에서 1991년에 방송되었던 〈사랑이 뭐길래〉는 1997년 중국의 공영방송사인 CCTV에서 방영되어 높은 시청률을 기록하였다. 이후 〈별은 내 가슴에〉, 〈가을동화〉, 그리고 최근 〈별에서 온 그대〉까지 국내 드라마가 중국에서 인기를 얻으면서 한류 붐을 지속시키고 있다.

한류의 물결이 예전만 못하다는 지적들도 있으나, 완성된 드라마의 수출 중심으로 이루어져 왔던 과거의 한류가 이제는 형태를 바꾸어 한국의 드라마 작가와 PD가 직접 중국 현지에서 제작에 참여한다든지, 국내 유명 배우가 중국 드라마나 방송에 출연하는 등 다양한 방식으로 한류의 흔적들이 계속되고 있다. 무엇보다도 드라마에서 시작하고 중국과 일본 등의 동아시아 지역을 중심으로 했던 한류가 이제는 영화, K-POP, 게임, 웹툰 등의 다양한 장르로 확장되고, 문화권이 달라 국내 문화 콘텐츠의 유입이 어려웠던 유럽이나 중동 지역까지 점진적으로 확장되는 추세이다. 이런 점에서 지난 2012년 싸이의 〈강남 스타일〉이나 2013년 〈젠틀맨〉, 그리고 2014년 〈행오버〉는 우연한 성공이 아닌 한류의 확장이라고 보는 것이 타당할 것이다. 영화 시장 역시 마찬가지이다. 드라마가 동아시아 지역을 중심으로 했다면, 영화는 주로 유럽 지역을 중심으로 개성적 예술관을 가진 감독이 주목받아왔다.

이와 같이 국내 콘텐츠가 세계 시장에 주목을 받는 가장 큰 이유 중 하나는 과거 전통 미디어 시대와는 차별화된 인터넷 기반의 미디어 환경을 들 수 있다. 지리적으로 명확하게 유통기간이나 유통 채널에 제한을 두었던 전통미디어 시대와 달리 인터넷을 기반으로 하는 뉴미디어 시대에는 이러한 지리적 경계가 불분명해져 시간적 차이가 거의 없이 다른 국가의 콘텐츠를 이용할 수 있다.

제 5 장
· · ·
영상콘텐츠 시장의
구조와 경쟁

이 장은 영상콘텐츠 시장의 구조에 관하여 소개한다. 보다 구체적으로 기업의 수에 의해 결정되는 완전경쟁, 독점적 경쟁, 과점, 독점 형태의 미디어 산업 사례를 살펴본다. 또한 기업 간 경쟁 유형에 따라 구분되는 동종 미디어 간 경쟁과 이종 미디어 간 경쟁을 소개하고 각각의 사례를 제시하였다. 미디어 환경의 변화로 인해 경쟁 시장 내에서 기업이 생존하기 위해 펼치는 경쟁전략으로서 M&A를 소개하고 국내와 해외의 기업 통합 사례를 살펴보도록 한다.

1. 시장의 구조

1) 시장구조의 유형

시장의 구조는 특정 시장 내 공급자 수, 제품의 차이, 새로운 사업자의 진입장벽 정도 등의 요인들에 의해 결정된다. 일반적으로 생산자 수와 제품의 차이에 따라 완전경쟁, 독점, 과점, 독점적 경쟁으로 구분된다 (Krugman & Wells, 2008, 436쪽).

시장의 구조를 분류하는 방법으로 일반적으로 이용하는 기준은 시장에 존재하는 기업의 수이다. 생산을 담당하고 있는 기업의 수에 따라 기업의 활동이 달라지기 때문이다. 하나의 기업이 있는 경우 독점, 2~3개의 소수 기업이 있는 경우가 과점이다. 다수의 기업이 동일한 상품을 판매하는 경우가 완전경쟁, 그리고 다수의 기업이 있지만 서로 다른 특성을 가진 상품을 판매하는 경우를 독점적 경쟁시장이라고 한다.

현실의 미디어 시장에서 다수의 기업이 동일한 상품을 판매하는 완전경쟁시장을 발견하기는 쉽지 않다. 대신 책이나 잡지와 같이 다수의 기업이 차별적인 상품을 판매하는 독점적인 경쟁시장은 발견할 수 있다. 보다 현실적인 미디어 시장의 구조는 사실 과점 형태이다. 소수의 대기업들이 차별화된 상품을 생산하는 과점의 대표적인 사례로 지상파 사업자를 들 수 있다.

현재 지상파는 KBS1, KBS2, MBC, SBS, EBS, OBS 등 6개 채널인데, 이 중 수신료로 운영되는 KBS1과 EBS를 제외하면 실제로 4개

〈표 5-1〉 미디어 시장구조

구조적 특징	완전경쟁	독점적 경쟁	과점	독점
기업의 수	많음	많음	소수(2~3개)	하나
상품	동일함	차별화됨	보통 차별화됨	해당 없음
진입장벽	없음	없음	있음	있음
미디어 산업 사례	–	프로그램 제작 / 게임	지상파 / IPTV / 종합편성채널	위성

Colin Hoskins, Stuart McFadyen, Adam Finn, *Media Economics*, 장병희 역(2013), 《미디어
경제학》, 커뮤니케이션북스, 184~185쪽 재구성.

채널이 광고 시장을 두고 경쟁하는 과점 형태를 보인다고 할 수 있다.
소수의 기업들만 있는 과점 시장의 경우는 한 기업의 가격전략이나 경
쟁적 전략 행위가 다른 기업들에게 매우 큰 영향을 미치기 때문에 전략
적 행동을 취하게 된다. 국내 미디어 시장의 구조를 보면 현실적으로
완전경쟁 상태에 있는 미디어 산업은 거의 존재하지 않는다. 다음으로
시장에 수많은 기업이 존재하되 상품이 차별화되어 있는 독점적 경쟁의
시장구조를 이루는 산업은 프로그램 제작과 게임 산업을 대표적인 사례
로 들 수 있다. 특히 다채널 환경에 접어들면서 플랫폼의 개수가 증가
해, 프로그램 제작 업체의 수도 무한히 많아지고 있어 사실상 독점적
경쟁의 형태를 띤다고 할 수 있다. 게임 업체의 경우도 마찬가지이다.
대기업 계열의 게임 업체가 존재하나, 애플리케이션 시장이 활성화되
고 오픈 시스템으로 운영되면서 수많은 게임 제작사가 공존하는 독점적
경쟁시장의 구조를 갖추게 되었다.

　그러나 실질적으로 가장 익숙한 미디어 시장 구조는 과점의 형태이
다. 소수의 사업자들이 차별화된 제품을 가지고 가격전략을 펼치는 과
점 시장에 해당하는 미디어 산업으로는 지상파 방송사, IPTV 사업자,

종합편성채널 등을 들 수 있다. 동종 업계에서의 경쟁도 치열하고 이종 미디어 간 경쟁도 치열한 전형적인 사례이다. 독점의 경우는 현재 1개 사업자만 존재하는 위성 사업을 들 수 있다. 현재 국내의 유일한 위성 사업자는 KT 스카이라이프(KT Skylife)이다.

2) 시장 지배력

독점기업은 산출량을 감소시켜 가격을 경쟁수준 이상으로 인상할 수 있는데, 이 능력을 시장지배력(*Market Power*)이라고 한다(Krugman & Wells, 2008). 즉 기업이 시장을 얼마나 자신의 의도대로 통제할 수 있는 가를 의미한다. 가령 지역별로 허가를 받아 운영되는 지역 케이블TV 사업자는 그 지역에서 시장지배력을 갖는다. 왜냐하면 사업자가 수신료를 인상하더라도 그 지역 이용자들은 케이블TV를 이용하기 위하여 다른 회사를 선택할 수 없기 때문이다.

시장지배력은 시장의 경쟁 수준, 기업의 집중도, 진입장벽 등에 의해 영향을 받는다. 독점기업이 이윤을 얻기 위해서는 다른 기업이 그 산업에 진입하지 못하게 하는 진입장벽(*barrier to entry*)에 의해 보호되어야 한다. 진입장벽에는 희소한 자원이나 생산요소의 장악, 규모의 경제, 기술적 우월성, 그리고 정부가 만들어낸 장벽(특허권이나 저작권) 등이 있다(Krugman & Wells, 2008). 일반적으로 경쟁이 약하고 기업 집중도가 클수록, 그리고 시장에 대한 진입장벽이 높을수록 시장지배력은 커진다.

기업의 수가 1개인 독점의 경우 시장지배력이 가장 큰 것이 사실이나, 시장지배력을 독점기업만이 갖는 것은 아니다. 과점기업 역시 시장지배력을 가질 수 있다. 과점은 현실에서 가장 일반적으로 존재하는 형태라는 점에서 독점이나 완전경쟁보다 중요하다. 과점(oligopoly)이란 소수의 공급자가 있는 산업을 말한다. 과점산업에 속해 있는 기업을 과점기업(oligopolist)이라고 한다.

정부는 기업의 시장 지배력을 알기 위해 시장집중도를 측정한다. 미디어 기업 간에 다양한 인수합병을 행한 미국의 커뮤니케이션 산업에서는 1980년대 이래로 이들의 시장지배력을 살펴보기 위해 시장집중도를 측정하기 시작하였다(Albarran & Dimmick, 1996).

미디어 시장의 집중도 측정의 근거는 수많은 매체가 공존하는 시대에 여론이 특정 미디어를 중심으로 집중화되는 현상을 지양하는 것과 관련이 있다. 국내에서는 2010년에 제정된 〈신문 등의 진흥에 관한 법률2〉 제 17조에 따라 여론집중도조사위원회를 구성하여 여론집중도 조사를 실시하였다. 조사는 2012년에 신문, 텔레비전, 라디오, 인터넷 부문을 대상으로 이루어졌는데, 결과를 보면 라디오 방송과 텔레비전 방송의 경우 CR3(상위 3개사의 누적점유율)가 각각 87.7%, 82.7%로, 신문(57.6%)과 인터넷뉴스(20.3%)에 비해 집중도가 높으며, 인터넷뉴스 집중도는 타 매체부문보다 현저히 낮아, 사실상 영향력 집중 현상이 발생하지 않는 완전경쟁 상태에 가까운 것으로 나타났다. 그리고 매체계열별 매체합산 여론영향력 점유율을 보면 지상파 방송 3사(KBS, MBC, SBS)의 점유율은 47.2%로 거의 절반을 차지하여 여론집중도가 매우 높은 것으로 나타났다(여론집중도조사위원회, 2013).

그러나 보다 일반적으로는 시장지배력의 측정은 매출액을 기준으로

이루어진다. 전체 시장 규모에서 차지하는 특정 기업의 매출액 비중이
해당 사업자의 시장지배력을 측정하는 지수가 되는 것이다. 구체적인
사례에 대해서는 같은 장의 M&A 사례에서 살펴볼 것이다.

2. 기업 간 경쟁 유형

1) 동종 미디어 간 경쟁

동종 미디어란 생산이나 전달 방식이 유사한 미디어로, 수용자 역시 유사한 욕구와 방식으로 미디어를 소비한다. 동종 미디어 간 경쟁의 여부는 시장의 개념, 미디어들이 참여하는 이원적 시장(내용물 시장과 광고 시장), 경쟁이 일어나고 있는 특정 지리적 시장에 의해 판단할 수 있다. 일반적으로 동종 미디어 간에서는 서로 대체가 가능하기 때문에 이종 미디어보다 경쟁의 정도가 강하다.

대표적인 동종 미디어 간 경쟁 사례로 지상파TV와 케이블TV를 들 수 있다. 비록 전송 방식은 다르지만 담기는 콘텐츠의 성질이 유사한 지상파TV와 케이블TV는 유사한 수용자층을 두고 자주 경쟁한다. 특히 영상콘텐츠에 대한 저작권 침해와 관련된 이슈가 쟁점화되면서 지상파 방송사와 케이블 방송사 간 경쟁이 더욱 치열해지고 있다. 2009년 11월에 IPTV가 도입되면서 지상파와 케이블 방송사 간의 경쟁 구도에 IPTV가 끼어들었고, 이후 2011년 12월에 종합편성채널이 도입되면서부터는 '지상파 - 케이블 - IPTV - 종합편성채널'의 4자 간 경쟁 구도를 형성하게 되었다. 특히 지상파와 종합편성채널 간에는 '뉴스 콘텐츠'라는 장르 경쟁이 심화되고 있다. 신문 사업에 기반을 둔 종합편성채널이 보도 부문에 집중하면서, 지상파 보도프로그램도 영향을 받게 되었다.

이와 같이 유사한 타깃층을 가진 동종 미디어는 한정된 수용자 시장을 두고 수익을 창출해야 하기 때문에 경쟁이 치열하고, 이러한 경쟁에서 생존하기 위해 전략적 행위를 적극적으로 취하게 되는 것이다.

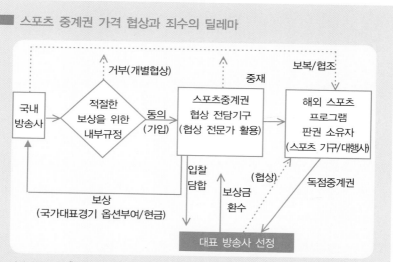

■ 스포츠 중계권 가격 협상과 죄수의 딜레마

이상기(2010). "올림픽과 월드컵의 독점 중계권, 현실과 문제". 〈여의도저널〉, 30쪽.

스포츠 중계권은 방송사들이 오랫동안 국내에서의 독점적 방영권을 확보하기 위해 노력한 콘텐츠이다. 월드컵이나 메이저리그 방영권을 두고 지상파 방송사 간에 벌이는 갈등은 전형적인 죄수의 딜레마(prisoner's dilemma)와 닮았다. 스포츠 프로그램의 중계권은 협상에 의해 가격이 결정되는 재화이다. 따라서 거래비용의 측면에서 1년 단위 혹은 다년간 계약으로 거래하는 것이 방송사의 입장에서나 중계대행사의 입장에서나 유리하다. 그리고 협상 테이블에서 맞대면할 거래 당사자인 방송사, 스포츠 기구, 대행사는 각자 최대한의 이익을 얻고자 한다. 죄수의 딜레마는 두 가지를 전제로 하는 게임이다. 하나는 게임의 참가자들은 다른 참가자의 이익을 희생해서라도 자신에게 유리한 행동을 선택할 유인을 가지고 있으며, 다른 하나는 두 참가자 모두 이와 같이 행동할 때 이들은 다른 행동을 선택할 때보다 더 낮은 보상을 얻게 된다는 것이다. 비공개로 행해지는 스포츠 중계권의 협상 또한 이러한 협조 게임 아래 이루어진다.

2) 이종 미디어 간 경쟁

이종 미디어란 생산이나 전달 방식이 다른 미디어를 의미한다. 수용자는 미디어를 소비할 때 각각 다른 욕구와 방식으로 미디어를 소비하기 때문에 일반적으로 이종 미디어 간의 경쟁 정도는 동종 미디어보다 적은 편이다. 그러나 생산이나 전달 방식이 다르다고 하더라도 완전히 독립된 미디어가 아닌 이상 어느 정도는 수용자의 욕구를 충족시켜줄 수 있는 부분이 중복될 수 있다. 따라서 이종 미디어 간 경쟁 정도는 미디어 간 대체가능성 정도에 따라 달라진다. 물론 그럼에도 불구하고 앞서 살펴본 동종 미디어 간 경쟁에 비해서는 경쟁 수준이 낮다.

가장 대표적인 이종 미디어 간 경쟁사례는 TV와 신문이다. TV는 전파로 영상콘텐츠를 전송하고, 신문은 인쇄매체로서 텍스트 위주로 전달한다는 점에서 생산 콘텐츠나 전송 방식이 전혀 다른 미디어라고 할 수 있다. 수용자들이 TV를 볼 때 추구하는 미디어 이용욕구와 신문을 구독할 때 이용하는 욕구가 다르기 때문에 대체로 TV와 신문은 대체재보다는 보완재의 성격을 지닌다고 본다.

경제학에서 한 재화의 가격이 하락할 때 다른 재화를 소비자가 더 적게 사려고 하면 두 재화는 대체재(*substitutes*)라고 한다. 미디어 시장에서는 앞서 언급한 지상파 채널과 IPTV, 혹은 지상파 채널과 종합편성채널, 종합편성채널과 케이블 채널 등과 같이 상호 간에 유사한 기능을 가지고 있는 미디어가 대체재의 사례에 해당한다.

반면에 경제학에서 보완재(*complements*)는 한 재화의 가격이 하락할 때 다른 재화를 소비자가 더 많이 사려고 하는 두 재화의 관계이다. 미디어 시장에서는 미디어의 기능과 역할을 기준으로 두 재화의 기능이 서로 달라서 수용자의 욕구를 상호보완적으로 충족시켜줄 수 있는 관계를 가질 때 보완재라고 보는 것이 일반적이다. 가령 TV 수용자는 TV라는 미디어로부터 영상이미지를 중심으로 정보를 전달받으면서 관련 욕구를 충족시킨다. 대신 방송은 시간 자원이 제한적이기 때문에 보다 구체적이고 심층적인 정보를 얻기 위해서는 신문을 이용할 수 있다.

그렇다면 동일 콘텐츠를 전달하는 이종 미디어의 관계는 어떨까? TV와 신문은 같은 내용의 '뉴스'를 전송한다고 하더라도 TV는 영상 위주로, 신문은 텍스트 위주로 전달하기 때문에 수용자에게 전달하는 정보의 품질이 서로 다른 재화라고 할 수 있다. 그러나 다음이나 네이버와 같은 인터넷 포털 사업자가 등장한 이후, TV나 신문의 기사를 그대로 제공하면서 TV와 포털 사업자 간, 신문과 포털 사업자 간의 경쟁 관계에 대한 논의가 계속되었다. 이들은 방송과 인터넷, 신문과 인터넷이라는 이종 미디어 관계지만, 두 매체 간의 관계를 대체재의 관점에서 보아야 할지, 보완재의 관점에서 보아야 할지에 대해서는 고민해보아야 할 것이다.

포털 사업자가 등장한 초기에는 방송사와 신문사는 포털 사이트를 자사의 콘텐츠를 유통시키는 또 하나의 플랫폼으로 인식하였으나, 포털의 뉴스 콘텐츠 제공방식이나 소비자들이 자체적으로 생산하는 수많은 2차 콘텐츠의 등장으로 현재는 실질적으로 경쟁 관계에 있다고 할수 있다. 예를 들어 포털 사업자인 네이버가 '낚시성' 제목의 기사 문제를 해결하기 위한 방안으로서 뉴스스탠드 형식으로 네이버 뉴스 제공대문을 전환한 후, 오히려 언론사의 뉴스보다 포털 검색을 통한 뉴스소비가 급격히 증가한 것으로 나타났다. 이는 포털이 언론사 뉴스의 단순 유통 채널 기능만 하는 것이 아니라 이제는 더 나아가 상호간에 경쟁을 하는 단계가 되었음을 의미한다.

■ 네이버 뉴스스탠드와 언론사

뉴스캐스트가 뉴스스탠드로 전환되면서 포털 검색을 통한 뉴스 소비 비중이 급격하게 늘어났다. 언론사 사이트 유입 채널은 크게 ① 직접 방문, ② 포털 검색, ③ 포털 뉴스 내 관련기사, ④ 포털 첫 화면(뉴스스탠드), ⑤블로그·사회관계망 서비스(SNS) 등으로 나뉜다. 2012년 12월엔 뉴스캐스트를 통한 유입이 90.1%, 포털 검색이 94.4%로 나타나 뉴스 소비의 양대축으로 작동했다. 그러나 뉴스캐스트가 없어지면서 무게중심이 포털 검색으로 완전히 쏠렸다. 즉, 포털 검색이 뉴스 소비의 독보적인 채널이 된 것이다. 2013년 12월 전체 언론사 사이트 방문자의 85%인 2,000만 명가량이 포털 검색을 통해 뉴스를 소비하는 것으로 나타났다. 이는 전년대비 감소했으나, 포털 뉴스(34%), 뉴스스탠드(9%)와는 비교가 되지 않는 비중이다. 코리안클릭은 "뉴스스탠드가 뉴스캐스트의 10분의 1 수준의 효과를 갖는다는 점에서 현재의 뉴스 트래픽 감소를 회복하는 것은 어려운 일로 판

〈그림 5-1〉 네이버 뉴스스탠드 메인화면

단된다"고 분석했다.

　한편 뉴스스탠드 전환으로 뉴스캐스트 시절 문제가 됐던 '제목 낚시'는 해소가 된 것 같지만, 트래픽 경쟁이 더욱 치열해지면서 '풍선효과'가 발생하고 있다. 이전엔 네이버 첫 화면 기사를 통한 '낚시'에 주력했지만 언론사들이 이젠 검색엔진최적화(SEO)에 매달리고 있다. 코리안클릭은 "과도한 검색유입 트래픽 확대전략은 자극적인 제목과 어뷰징 등의 문제를 불러와 뉴스의 질 하락으로 이어지고 있다"고 밝혔다.[1]

1 김병철(2014. 3. 14), "네이버 '뉴스스탠드 이용률' 고작 3%", 〈미디어오늘〉.

3. 영상콘텐츠 경쟁전략

1) 인수합병: 통합·다각화

인수합병(M&A, *Mergers & Acquisition*)은 기업이 경쟁 환경에서 새로운 기업을 설립하지 않고 기업이 성장하는 데 도움을 줄 수 있는 다른 기업을 사거나 팔거나 결합하는 것으로, 급변하는 환경에 대응하는 전략이다. M&A는 문자 그대로 합병(*Mergers*)과 인수(*Acquisition*)가 결합한 약어이다. 합병은 두 개의 기업을 하나로 합치면서 두 기업의 자산과 부채를 떠맡는 것으로, 다시 신설 합병과 흡수 합병으로 나뉜다. 반면에 인수는 상대 기업의 소유권과 경영권을 가질 정도의 일반주를 인수하는 것을 의미하는 주식 인수와, 상대기업의 운영 자산 전부 혹은 일부를 인수하는 자산 인수로 구분된다.

M&A에는 수직적 통합, 수평적 통합, 다각화 등이 있다. 수직적 통합은 생산과정의 전후에 있는 서로 다른 부문 간의 기업결합으로 재료, 생산, 유통, 판매 등 원재료에서 최종 분배에 이르는 전 과정을 통합하는 것이다. 반면에 수평적 통합은 생산과정의 같은 차원에 있는 기업의 결합을 의미한다. 규모의 경제를 위한 동종 혹은 유사 영역의 기업들 간의 통합이 수평적 통합의 사례다. 다각화는 사업의 영역을 확장하는 사업전략을 의미한다.

오정호(2007)는 목적에 따라 다각화를 수평적 다각화, 수직적 다각화, 혼합적 다각화의 세 가지로 구분하였다. 수평적 다각화는 외부적

〈표 5-2〉 다각화 및 기업결합의 유형별 목적

	수평적 다각화	수직적 다각화	혼합적 다각화
시장지배력 확대	시장점유율 확대	시장봉쇄 차별적 제공	교차보조 상호구매 및 판매 상호자제
효율성 제고	규모의 경제 생산요소 과잉 해소	거래비용절감 이중 마진 제거	범위의 경제/거래비용 절감/위험분산/ 자원배분의 효율성
목적 및 효과	외부적 성장(수평적 결합) · 내부적 성장		

오정호(2007), "다각화 및 기업결합, 장르, 편성행위와 수익성", 〈한국방송학보〉, 21권 6호, 246쪽.

성장을 겨냥한 것으로 시장점유율 확대를 통한 시장지배력을 확장하기 위한 것이다. 수직적 다각화 역시 외부적 성장을 겨냥한 것이나, 시장을 봉쇄하여 신규 사업자의 진입을 차단하고 차별적 서비스를 제공함으로써 시장지배력을 확장한다는 면에서 차이가 있다. 두 가지 방식을 결합한 혼합적 다각화는 교차보조나 상호구매 및 판매, 상호자제를 통해 시장지배력을 확장하는 것이 특징이다. 결국 시장지배력을 확장하는 목적은 동일하지만 어떻게 이를 시행할 것인지에 따라 어떤 다각화 전략을 이용할 것인지가 결정된다.

2) 미디어 기업의 통합 사례

(1) 국내 미디어 기업

국내시장에서 방송채널사용사업자 간 결합에 따른 성과 연구를 보면 대체로 수평적 결합이 수익을 증대시킨다는 결과가 일반적이다. 방송채널사업자의 수익과 다각화 유형의 관계를 살펴본 오정호(2007)의 연구에서는 수평적 다각화와 혼합적 다각화는 수익을 증가시키지만 수직적 다각화는 수익성에 영향을 미치지 못한다고 주장하였다. 이영미(2010)의 연구에서도 MPP가 독립 PP보다 매출액, 종사자 일인당 매출액, 당기순이익, 송출 SO수의 측면에서 높다는 것을 밝혀냈으며, 독립 PP에 비해 시청률 30위 내의 PP 비율이 높다면서, 방송채널사용사업자 간 결합이 궁극적으로 긍정적인 성과를 가져온다고 보았다. 여현철과 김영수(2010) 역시 방송채널사용사업자 간 수평적 결합이 시청률과 정적인 관계에 있음을 밝혀냄으로써 시장의 수익성뿐 아니라 이용자 성과에도 긍정적인 영향을 유도하는 것으로 나타났다.

포터(Porter, 1980; 1985)는 기업의 경쟁 우위는 기업 내부에 보유한 자원이나 핵심 역량에 기인한다고 보았다. 미디어 기업은 시장 내 경쟁 우위를 확보하기 위해 유사한 보유 자원을 결합하거나 이동함으로써 시장 내에서의 지배력을 확장시키고자 한다. 기업 결합은 기업이 자사의 경쟁우위를 확보하기 위한 가장 대표적인 방식이다.

방송채널사용사업자의 기업결합은 크게 동일한 채널 사업자 간 결합인 수평적 결합과, 플랫폼 사업자인 SO와 결합한 수직적 결합으로 구분할 수 있다. 이 중 지속적으로 증가하고 있는 국내 방송채널사용사업자의 수평적 결합 사례를 통해 그 경영전략과 이로 인한 시장의 변화를 살펴보고자 한다. 분석 대상의 시장영역을 방송채널사용사업자 시장으로 제한하고 있기 때문에 수평적 결합을 통해 방송채널사용사업자의 경영전략을 설명하고자 한다.

연도별 MPP(*Multiple Program Provider*) 사업자 현황을 보면, MPP 사업자가 2005년에서 2006년에 17개에서 29개로 크게 증가한 것으로 나타났다. 이 시기는 사업자수는 증가하되 채널수는 대폭 감소한 시기

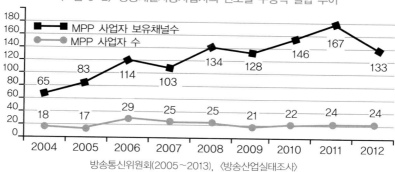

〈그림 5-2〉 방송채널사용사업자의 연도별 수평적 결합 추이

방송통신위원회(2005~2013), 〈방송산업실태조사〉

이기도 하다. 2006년 MPP 사업자의 특성을 보면 지상파 계열 PP나 온미디어, CJ와 같은 주요 MPP의 변화는 거의 없었으나, 개인이 지배주주가 되어 사업자를 인수하는 사례가 급격히 증가하였다.

2009년에는 CJ가 온미디어를 인수하였으며, 홈초이스와 같은 SO연합 사업자가 MPP 사업자로 등장하였다. 그리고 티브로드가 새롭게 MPP 사업자로 등장하였다. 2010년은 MPP 사업자 수는 전년도에 비해 1개사가 증가하였는데, 채널수는 146개로 전년도의 128개에서 18개가 증가하였다. 이는 KT 스카이라이프와 같은 사업자의 등장에 기인한 것으로 보인다. 2011년에는 사업자가 24개인데 이들이 운영하는 채널수는 167개로, 방송채널사용사업자 등장 이후 가장 많은 것으로 나타났다. 주요 MPP의 변화보다는 종편채널 사업에 진출한 조선일보 사업자의 등장, 쿠도 커뮤니케이션, SK플래닛과 같은 신규 사업자의 등장이 영향을 미친 것으로 보인다. 그리고 채널 수의 급증은 음악채널 사업자의 채널 증식과도 관련이 있다.

주요 MPP 사업자의 연도별 점유율 변화를 보면, 시장집중도가 증가

<표 5-3> 주요 MPP 사업자의 연도별 시장 점유율 변화

CR(5)[1]	2004	2005	2006	2007	2008	2009	2010	2011	2012
시장 집중도[2]	47.4	44.0	41.6	40.7	64.9	65.4	54.9	61.6	60.7
이용자 집중도[3]	42.6	41.1	38.9	29.7	29.9	27.3	24.9	23.3	19.6

1 CR(5)는 시장에서 상위 5개 사업자들의 점유율을 합한 값임.
2 매출액 기준.
3 시청점유율.

한 2008년에 CJ의 채널이 45개로 전년도 17개보다 크게 증가한 것으로 나타나 CJ의 수평적 결합전략이 방송채널사용사업자 집중도의 증가와 관련이 있는 것을 알 수 있다. 반면에 같은 시기 이용자 집중도는 전 연도에 비해 0.2%로 소폭 상승하여 시장집중도만큼의 이용자 집중이 발생하지 않는 것을 알 수 있다. CJ가 온미디어를 인수한 이후인 2009년의 시장집중도 역시 증가하였으나 이용자 집중도는 오히려 감소한 것으로 나타났다. 이용자들이 CJ 보유 채널에 집중된다기보다 분산되는 양상을 띤다. 또 한 번의 시장집중도가 증가한 시점은 2011년이다. 2011년은 SBS가 NBC와 제휴하여 신규 채널을 설립한 시기로 SBS미디어홀딩스의 채널이 11개로 증가하고 시장 점유율도 19.4%로 증가하여 상위 사업자의 시장 집중이 증가한 것으로 나타났다. 한편 이 시기의 이용자 집중도는 오히려 전년도보다 감소한 것으로 나타나 사업자 기준과 이용자 기준의 집중도에 차이가 있음을 알 수 있다.

■ 카카오 – 다음 합병의 의미와 생존전략:
메신저가 콘텐츠를 만나 골리앗과 싸울 준비 끝

국내 1위 모바일 메신저업체인 카카오가 지난(2014년) 5월 말 국내 2위 포털업체인 다음커뮤니케이션을 사실상 흡수합병했다. 그 결과 다음카카오라는 거대 온라인 기업이 탄생했다. 이번 기업 결합은 정보기술(IT) 업계의 권력이 인터넷에서 모바일로 이동하는 것을 상징적으로 보여준다. … (중략) … 양사는 국내 인터넷·모바일 사업을 과점하고 있는 네이버에 필적하는 기업을 만드는 것을 인수합병의 명분으로 내세운다. 양사의 합병으로 네이버(시가총액 약 25조 5천억 원)에는 못 미치지만 시가총액 4조 원이 넘는 거대 인터넷 기업이 탄생한다. 카카오는 '국민 메신저'라고 불리는 카카오톡을 통해 모바일 메신저 시장과 게임 플랫폼에서는 자리를 잡았다. 하지만 검색, 광고, 콘텐츠 쪽은 기존 포털과 경쟁이 되지 않는다. 여전히 콘텐츠와 검색, 광고 분야에서 경쟁력이 있고 이메일, 카페 등 커뮤니티 서비스가 강한 다음과의 시너지를 기대할 수 있다. … (후략) … 2

---

2 백강녕(2014), 〈신문과 방송〉, 7월호, 83~86쪽.

(2) 해외 미디어 기업

케이블업체 컴캐스트의 확장세

2014년 2월 12일은 미국 미디어 시장에 또 한 번의 격변을 예고하는 날이었다. 미국의 최대 케이블 방송 사업자이자 지상파 방송 NBC의 모회사인 컴캐스트가 타임워너케이블을 인수하기로 합의한 것이다. 인수 가격은 총 452억 달러(약 48조 원)이다. 인수대금은 100% 컴캐스트 주식으로 지급한다. 두 사업자의 M&A는 거대 기업의 합병이라는 점에서 주목을 끌며, 규모의 경제로 인한 시장지배력 확대가 예상된다. 두 회사가 합병함으로써 컴캐스트는 3,300만 가구의 케이블TV 가입자와 3,200만 가구 초고속인터넷 가입자를 보유한 초대형 사업자가 된다. 컴캐스트 케이블TV 가입자는 이미 2,200만 명에 달한다. 이는 컴캐스트의 시장점유율이 미국 케이블TV지상 기준으로 66%에 달하며, 미국 전체 유료방송시장 가입자 중 35%가 컴캐스트를 통해 방송을 시청한다는 것을 의미한다. 특히 타임워너는 컴캐스트가 진출하지 못한 뉴욕과 로스앤젤레스 시장의 1위 사업자이기 때문에, 이번 인수로 컴캐스트는 미국 전역으로 완벽하게 확장하여 전국 규모의 케이블 사업자가 되는 것이다. 그러나 이번 컴캐스트의 타임워너케이블 인수 목적은 가입자 확보가 아닌 인터넷 서비스 강화이다. 컴캐스트는 팬캐스트닷컴(Fancast.com)이라는 온라인 동영상 서비스를 제공해왔다. 훌루 등과의 제휴를 통해 수만 편의 TV 동영상을 유·무료로 제공해오기도 하였다. 무엇보다도 2009년부터 이미 컴캐스트와 타임워너케이블은 케이블과 동영상 서비스를 묶은 상품을 개발해온 것으로 전해졌다. 시청자

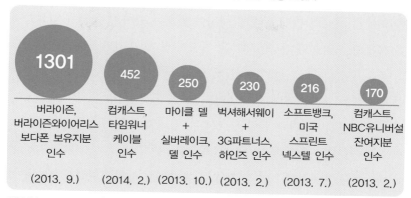

〈그림 5-3〉 미국에서 최근 성사된 대형 M&A

1301	452	250	230	216	170
버라이즌, 버라이즌와이어리스 보다폰 보유지분 인수	컴캐스트, 타임워너 케이블 인수	마이클 델 + 실버레이크, 델 인수	벅셔해서웨이 + 3G파트너스, 하인즈 인수	소프트뱅크, 미국 스프린트 넥스텔 인수	컴캐스트, NBC유니버설 잔여지분 인수
(2013. 9.)	(2014. 2.)	(2013. 10.)	(2013. 2.)	(2013. 7.)	(2013. 2.)

유창재(2014. 2. 13.), "美 컴캐스트, 타임워너 48조원에 인수… 업계 1·2위 간 합병, '케이블 공룡' 탄생", 〈한국경제〉

들이 점점 케이블에서 온라인으로 이동한다는 전 세계적인 트렌드를 고려할 때 컴캐스트와 타임워너케이블은 두 공룡 간의 결합 이상을 의미한다고 할 수 있을 것이다.

역대 최악의 M&A: AOL과 타임워너

M&A의 성과가 늘 긍정적이지만은 않다. AOL(America Online)과 타임워너(Time warner)의 합병은 M&A의 부정적 결과의 대표적 예로 거론된다. 완전히 통합된 미디어와 커뮤니케이션 그룹을 만들기 위한 세계 최초의 동등한 기업 간의 전략적 합병이었으나, 결과적으로 누구에게도 도움이 되지 못했다. 합병 초기 2,600만 명의 인터넷 가입자 및 케이블 채널 CNN과 HBO, 〈스포츠 일러스트레이티드〉, 워너브라더스 등을 거느린 세계 최대의 미디어-엔터테인먼트 그룹의 탄생은 세계의

역사를 다시 쓸 것 같은 어마어마한 사건이었다. 그러나 상호안정적 기반 하에서 서로의 성장 동력에 엔진이 된다는 근사한 목적이 있었음에도 불구하고 비용의 절감, 새로운 기술개발, 고객기반 공유, 네트워크의 활용 등 그 어느 것 하나 원활히 협조되지 못했다. AOL과 타임워너 간 합병에서 진정한 잠재적 시너지의 몇 안 되는 분야 중 하나가 브로드밴드 분야였다. 그러나 합병 후 양사는 협력하기를 거부하고 독립적으로 운영함으로, 결국 이 분야도 잠재적 시너지를 얻는 데 실패했다. 결과적으로 2000년부터 시작된 협상이 본격적으로 발표되었던 2001년 1월 당시 양사의 합병규모는 1,550억 달러 규모였으나 10년 만에 주가 총액은 400억 달러에도 못 미치는 상태로 평가되었다. 기업 간의 인수합병이 그 자체만으로 단순히 시너지가 생기는 것이 아니라는 대표적 사례다.

제 6 장

· · ·

영상콘텐츠
소비

이 장은 영상콘텐츠 소비와 관련된 이론을 소개한다. 인터넷 기반의 뉴미디어 환경이 도래하면서 기존 올드미디어 시대와는 다른 수용자상이 정립되고 있다. 이 장에서는 능동적 소비자 역할뿐만 아니라 생산자 영역까지 그 역할을 확대하고 있는 영상콘텐츠 수용자를 소개하였다. 또한 수용자의 효용에 대한 경제적인 개념을 설명하고 영상콘텐츠 소비로 인한 효용은 어떠한지 살펴보았다. 아울러 영상콘텐츠 소비와 관련된 전통적인 이론인 맥콤의 상대적 불변이론과, 생활패턴을 고려한 미디어 소비 이론인 시간 재할당 가설을 소개했다.

1. 영상콘텐츠의 수요

매스미디어를 기반으로 한 전통적인 미디어 환경의 커뮤니케이션 모델은 기본적으로 송신자가 메시지를 전송하면 다양한 채널을 통해 수신자에게 메시지가 전달되고, 다양한 수준의 효과를 나타낸다고 보았다. 이때 송신자는 대체로 방송사나 영화사와 같은 사업자이며, 이들의 메시지가 유통되는 채널은 방송이나 극장 정도가 되었다. 전통 미디어 환경에서 드라마나 영화와 같은 영상콘텐츠를 제작하기 위해서는 대규모의 제작비가 투입되어야 하고 성과의 불확실성 또한 매우 컸기 때문에, 기업 단위로 영상콘텐츠의 제작과 유통이 이루어졌기 때문이다.

그런데 인터넷이라는 뉴미디어의 등장이 이러한 일방향적 커뮤니케이션 모델을 변화시키고 있다. 우선 디지털 미디어 시대에는 기업 차원뿐 아니라 개별 수용자가 적은 비용으로(혹은 무료로) 영상콘텐츠를 생산하는 것이 가능해져, 수용자가 콘텐츠를 직접 생산하는 생산자의 역할까지 하게 되었다. 능동적 수용자의 차원을 넘어 미디어 생산에도 참여함으로써 영상콘텐츠의 수요 영역을 확장시키고 있는 것이다. 엄밀히 말하자면 이제는 수요자와 공급자가 분리된 시장이 아니라, 수요와 공급의 경계가 허물어지는 영역이 발생하고 있다고 할 수 있다. 이를 설명하기 적합한 용어로 프로슈머(prosumer)가 있다. 이는 제작자(producer)와 소비자(consumer)의 합성어로, 소비자가 생산자가 되는 현실 미디어 시장을 가장 잘 반영하는 용어라고 할 수 있다.

이처럼 뉴미디어 시대의 수용자는 영상콘텐츠의 생산자이자 소비자

〈그림 6-1〉 라스웰 커뮤니케이션 모델과 뉴미디어 수용자

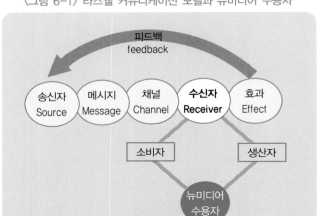

역할을 한다. 이에 따라 미디어의 영향력을 나타내는 커뮤니케이션의
초기 모델인 라스웰의 S-M-C-R-E 모델에서 수용자를 의미하는 'R'의
영역이 더욱 확장되고 있다.

2. 수용자의 효용 측정

효용(*Utility*)이란 소비로부터 얻어지는 소비자의 만족을 가상의 단위인 유틸(*Util*)로 측정한 것이다. 즉, 소비자의 효용은 소비자가 재화나 서비스를 소비할 때 얻는 만족감(*satisfaction*)의 척도이다. 소비자는 효용을 극대화하려고 노력한다. 그런데 소비자의 효용은 단일 재화나 서비스의 단위로 이루어지는 것이 아니라 한 사람이 소비하는 모든 재화나 서비스에 의해 영향을 받는 것이다. 이를 소비재 묶음(*consumption bundle*)이라고 한다. 어떤 재화(혹은 서비스)를 얼마만큼의 묶음으로 소비했을 때 총효용의 크기가 어떻게 되는가를 나타내는 것이 효용함수이다.

효용함수는 매우 개인적인 것으로, 개별 소비자의 선호에 따라 효용이 다르기 때문에 수백 명의 소비자가 있다면 역시 수백 개의 효용함수가 존재하게 된다. 소비자는 효용을 극대화하기 위해 소비재 묶음을 구성하며, 이때 재화나 서비스를 한 단위 더 소비함으로써 얻어지는 한계효용을 고려한다. 그런데 대부분의 사람에게 있어 소비되는 재화의 수량이 증가함에 따라 총효용의 증가분은 전보다 감소한다는 '한계효용체감의 법칙'(*Law of Diminishing Marginal Utility*)이 작용한다(Krugman & Wells, 2008). 가령 하루를 꼬박 굶었다고 가정하자. 극도의 굶주림 상태에서 밥 한 공기를 먹을 때 느끼는 만족감은 매우 클 것이다. 그러나 두 공기, 세 공기째 밥을 먹을수록 첫 번째 밥 한 공기를 먹을 때보다 효용이 체감하게 된다. 또한, 밥만 세 공기 먹는 것보다 밥 한 공기와 국, 반찬 등을 묶어 소비하는 것이 소비자의 효용을 극대화할 수 있을

〈표 6-1〉 영화 〈써니〉 관람을 통해 얻는 효용의 비교

시청횟수	A씨		B씨	
	총효용성	한계효용	총효용성	한계효용
1	20	20	10	10
2	25	5	22	12
3	26	1	26	4

지도 모른다. 물론 개인마다 선호하는 바가 다르기 때문에 각각의 효용
은 소비자마다 달라진다.

　물질 경제에 기초한 이러한 소비자의 효용은 영상콘텐츠의 소비에도
적용된다. 한계효용체감의 법칙을 설명하기 위해 다시 영화 〈써니〉에
주목해보자. 영화 〈써니〉는 1980년대 여고생의 우정을 그린 복고풍의
드라마이다. 장르, 내용, 미장센 등 다양한 영화의 요소가 영화이용자
의 선호에 영향을 미치겠지만, 〈써니〉의 경우 1980년대라는 시대적 배
경이 특징적이므로 세대 간 효용에 특히 차이가 있을 것이다. 가령 영
화를 보고 '그때 그 시절'을 떠올리는 40대 여성 A씨의 효용과, 1980년
대에 갓 태어난 20대 여성 B씨의 영화에 대한 효용 수준에는 차이가 있
을 것이다. 가령 영화에 대한 공감을 바탕으로 한 A씨의 첫 번째 관람
에 대한 총효용이 20유틸이라면 생소한 시대를 감상하는 B씨의 첫 번
째 총효용은 상대적으로 작은 10유틸이라고 가정하자. 일반적으로 A씨
의 경우와 같이 두 번째 관람은 이미 영화에 대한 내용을 알고 있기 때
문에 첫 번째보다 한계효용이 감소하며, 세 번째 관람은 두 번째보다
더 감소하게 된다. 그러나 B씨의 경우처럼 두 번째 관람에서 한계 효용
이 더 증가할 수 있다. 1980년대에 대한 배경지식 없이 첫 번째 관람을

했던 B씨가 1980년대의 정치·사회·문화적 배경에 대해 살펴보고 두 번째 관람을 할 경우, 영화에 대한 효용이 오히려 첫 번째 관람보다 증가할 수 있다. 이 경우 한계효용체감의 법칙은 세 번째 관람부터 적용된다고 할 수 있다.

수용자의 효용이란 매우 주관적인 선호와 관련되기 때문에 〈표 6-1〉의 예시 외에도 무궁무진한 사례들이 제시될 수 있다. 특히 영상콘텐츠는 일반 경제재에 비해 개인의 선호가 매우 강하게 적용되는 재화이기 때문에 소비자의 만족도를 나타내는 수많은 효용함수가 만들어질 수 있다. 소비자는 가용 예산 범위 내에서 각자의 효용을 극대화하는 방식으로 영상콘텐츠를 소비한다.

3. 영상콘텐츠 소비 이론

1) 상대적 불변이론

상대적 불변이론은 미디어 전체를 하나의 덩어리로 보고 사회경제 영역 전체에서 미디어의 소비, 즉 수요에 관한 분석틀을 제공하며 거시적 차원에서 매체소비의 일정한 한계점이 존재한다는 원리이다.

맥콤(McCombs, 1972)은 시간이 지날수록 미디어는 많아지지만 실제로 개인이 미디어 소비에 투입할 수 있는 경제력은 제한되어 있어, 전체 소득 중 미디어에 소비하는 지출 비용이 일정하게 유지되는 '상대적 불변 이론'(*principle of relative constancy*)을 주장하였다. 그는 하루 24시간으로 제한된 시간을 가지고 새로운 미디어를 이용하기 위해서는 필연적으로 기존 미디어의 이용을 줄이거나 이용하지 않을 수밖에 없는, 미디어 대체 관계의 관점에서 미디어 이용을 설명하였다.

이와 같은 상대적 불변 이론은 거시적 차원에서 미디어 소비에 일정한 한계점이 존재한다고 보는 시각이다. 미디어 기술의 발전으로 미디어의 수가 아무리 많아진다고 하더라도 일반경제 전체라는 거시적 시각에서 볼 때는 미디어 소비지출 패턴이 상대적으로 일관성을 유지한다는 것이다. 즉, 상대적 불변 이론의 시각에서는 소비자들과 광고주들이 매스미디어에 지출하는 수준은 경제전반의 수준에 의해 결정된다고 본다. 말하자면 맥콤은 개인의 미디어 소비지출 수준을 결정하는 것은 국가경제 전반과 밀접한 관련이 있다고 보았다.

즉, 뉴미디어가 등장함에 따라 매스커뮤니케이션이 더욱 복잡해졌음에도 불구하고 경제적 지출 패턴은 상대적으로 일정했으며, 매스커뮤니케이션 분야에서 일어나는 다양한 변화와 추세보다도 일반적 경제상황과 더욱 밀접하게 관련되어 있다고 보는 시각이다.

그러나 뉴미디어의 도입 이후 상대적 불변 이론에 반하는 사례들이 나타났다. 가령 1975년에 일본의 소니사(SONY)에서 생산한 가정용 VCR의 영향으로 미국 가정의 미디어에 대한 소비지출이 소비증가율보다 높게 나타났다. 이와 같은 현상이 의미하는 것은 VCR 기기의 도입으로 새로운 미디어에 대한 지출 욕구가 강해졌고, 이로 인해 전체 가계지출 수준보다 높은 비중으로 미디어 소비지출을 했다는 것이다 (Owen & Wildman, 1992). 즉, 맥콤의 상대적 불변 이론과 다른 패턴이 나타난 것이다. 특히 인터넷이라는 미디어의 등장 이후, 이를 기반으로 하는 다양한 미디어가 등장하면서 맥콤이 주장한 소득/시간 대비 지출 비율의 일정성 유지라는 관점이 흔들리게 되었다.

무엇보다도 뉴미디어를 이용하기 위해 기존 미디어를 이용하던 시간을 축소해야 한다는 미디어 대체적 관점만으로는 설명하기 힘들 만큼 복합적인 미디어 이용 현상들이 나타나고 있다. 케이블 텔레비전, IPTV, 스마트폰 등과 같은 뉴미디어의 도입 이후 미디어 소비에 지출하는 비용이나 시간이 오히려 증가하는 현상이 나타난 것이다. 비록 신문구독이나 실시간 TV 시청 시간과 같은 올드미디어를 소비하는 시간은 줄었지만, 그 이상으로 인터넷을 기반으로 하는 미디어의 소비는 증가하고 있다.

특히 미디어 콘텐츠를 소비할 수 있는 다양한 디바이스가 생산되면서 콘텐츠 배급 방식이 확장되고 있다. 뉴미디어 도입으로 인한 이용자의 미디어 콘텐츠 소비는 이제 맥콤의 상대적 불변 이론으로 설명가능한 범위를 벗어나고 있다.

2) 시간 재할당 가설

시간 재할당 가설이란 생활패턴을 고려한 미디어 이용 행위를 설명하기 위한 이론으로, 새로운 미디어의 도입이 생활전반에 걸쳐 영향을 주어 시간의 재배분이 이뤄진다고 보는 시각이다. 이재현(2005)은 미디어 이용 범위 내에서만 설명하려던 기존의 이론을 생활전반으로 확장시켜, 뉴미디어 도입으로 인한 미디어 이용 행태의 변화를 설명하고자 시도하였다. 그는 새로운 미디어의 도입과 확산이 미디어 이용을 포함하는 제 행동들에 투입하던 시간을 재분배하게 되면서 생활 패턴의 변화를 초래하게 될 것이라는 입장에서, 새롭게 '시간 재할당 가설'(*time reallocation hypothesis*)을 제안하였다. 그는 통계청의 생활시간 자료를 이용하여 인터넷이라는 뉴미디어의 이용이 미디어 영역 이외에도 수면, 노동, 여가 등의 다른 행동 영역에도 상당한 영향을 미치고 있다는 것을 밝힘으로써 뉴미디어의 이용을 전체적인 생활시간 패턴 측면에서 고찰해야 한다고 주장하였다.

시간 재할당 가설은 그동안 맥콤이 미디어 범위에서의 소비에 제한하여 미디어 이용을 제시하였던 것을 미디어 이외의 생활 범위까지 포함시켜 설명함으로써, 기존의 상대적 불변이론이 가졌던 미디어 대체설의 관점의 한계를 극복하고자 하였다는 점에서 의미가 있다. 뉴미디어의 도입이 미디어 소비뿐 아니라 생활 전반의 패턴을 변화시킴으로써 단순한 대체 관계가 아닌 미디어 간 보완의 관계로도 설명할 수 있는 가능성을 제시한 것이다.

그 외에도 다중 미디어 이용자 등장에 따라 기존 방송채널 환경에서 고려했던 이용자의 채널 레퍼토리에도 변화가 생기는 현상을 설명하고자 하기도 하였다. 심미선(2005)은 케이블 방송의 도입으로 가용채널이 많아졌음에도 불구하고 수용자들이 즐겨보는 채널은 정해져 있다고 보았다. 즉, 채널이 증가함에 따라 채널 이용량도 증가하는 것이 아니라, 선호하는 특정 채널 위주로 선택적으로 채널을 이용한다는 것이다.

4. 뉴미디어와 영상콘텐츠 소비

현재는 올드미디어와 뉴미디어의 공존 시대이다. 기존의 출판, 신문, 방송 분야에서 소수의 기업들이 명확한 시장지배력을 행사하던 올드미디어 시장과 더불어, 인터넷을 기반으로 하는 포털 사업자, IPTV 사업자, 그리고 보통 'OTT(*Over-the-Top*) 사업자'라고 하는 온라인 동영상 콘텐츠 제공업자 등과 같은 신규 사업자들이 진입한 뉴미디어 시장이 공존하며 치열하게 경쟁하고 있다. 이제는 단순한 미디어 시장이 아니라 생존을 위해 경쟁을 해야 하는 미디어 생태계가 된 것이다.

국내에 뉴미디어 시대가 도래한 시점은 케이블 방송이 시작된 1990년 중반 이후이다. 케이블의 도입으로 유료방송이 시작되고 인터넷 미디어가 도입되면서 등장한 플랫폼들은 기존의 지상파 방송과는 달리 일정 비용을 지불해야만 볼 수 있는 사유재적 특성이 강화되었다. 특히 실시간 시청이 아닌 VOD(*Video on Demand*)나 OTT를 이용할 경우에는 이용자의 선택이 중요하다. 디지털 시대로 넘어오면서 수용자의 선택권이 확대되어 자신의 욕구를 충족시킬 수 있는 미디어나 콘텐츠를 선택하는 것이 가능하게 되어, 결국 더 능동적인 수용자가 더욱 적극적으로 콘텐츠를 소비하게 되는 결과가 나타난 것이다. 다수의 미디어가 공존하는 뉴미디어 시대에 이용자는 자신이 원하는 시간과 공간에서 기꺼이 지불할 의도가 있는 만큼의 비용을 지불할 미디어를 선택하여 자신이 선호하는 콘텐츠를 소비한다.

VOD와 같이 시공을 초월한 비선형적 매체의 등장은 이용자의 시공

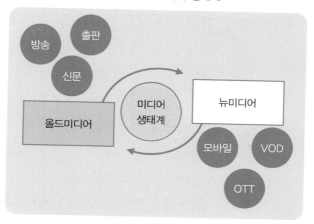

〈그림 6-2〉 미디어 생태계

간적 이탈을 가능하게 하여 기존의 선형적 매체 환경과는 또 다른 방송 콘텐츠의 유통시장을 형성하도록 하였다. VOD 서비스는 기반 매체에 따라 PC 기반 VOD, TV 기반 VOD, 모바일 기반 VOD로 구분할 수 있는데(최성진·이광직, 2007), 방송콘텐츠는 주로 자사 인터넷 사이트 와 IPTV를 통해 VOD 서비스로 제공된다. 비선형적 성격을 지닌 VOD 서비스는 단순히 선형적인 창구가 아닌 상호독립적인 매체로서 교차 플 랫폼의 역할을 수행하고 있다(김미경 외, 2009). 이전에 실시간 방송으 로 시청하지 못한 프로그램을 시청하기 위한 텔레비전과의 상호 보완관 계로 보는 경우도 있으며(권호영·김영수, 2009), IPTV-VOD 서비스 의 경우에는 자사 웹사이트 VOD와 대체관계를 이루고 있다고 보는 시 각도 있다(이상우·김창완, 2009).

토드리스(Todreas, 1999)는 디지털 시대에 영상산업의 가치사슬은 제작산업으로 이동할 것이며, 제작된 영상물을 확보하고 유통시키기

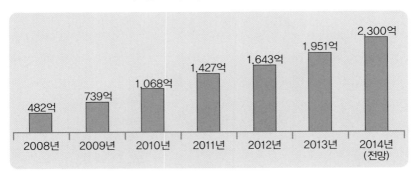

자료제공: PWC(Price Waterhouse Coopers)

위한 배급산업 간 경쟁은 더욱 치열해질 것이라고 예견한 바 있다. 이용자가 능동적으로 선택할 수 있는 비선형적 매체의 등장은 이러한 경쟁을 한 차원 더 높이고 있다. 배급채널의 위계가 복잡해지면서 기존의 가치로는 설명하기 어려운 창구 경로나 홀드백 현상이 나타나고 있다는 것이다(김숙, 2012).

PWC에서 제공한 국내 VOD 시장 규모를 보면 2014년 2,300억 원 규모로 추정하고 있어, 2008년에 비해 약 6배 증가한 것으로 나타났다. VOD와 같은 방식으로 실시간 시청이 아니더라도 이용자가 원하는 시간과 공간에서 시청할 수 있도록 하는 미디어 커뮤니케이션 기술의 발전으로, 굳이 본래의 방송 시간이 아니더라도 시청이 가능하다는 것이다.

실제로 2014년 7월 25일에 방송통신위원회가 전국 6개 케이블TV사(티브로드, HCN, CCS충북, KCTV제주, 금강방송, 울산중앙방송)와 2개 IPTV사(KT, SKB)로부터 2014년 상반기 월별 VOD 시청시간 자료를 제출받아 분석한 자료인 〈2014년도 상반기 VOD 시청시간 조사〉에 따

〈그림 6-3〉 가정 내 VOD 히트 수 상위 20개 프로그램 현황

순위	채널	프로그램명	히트수(건)	가구 시청률(%)
1	SBS	상속자들	24,031,006	19.25
2	MBC	무한도전	9,128,390	13.86
3	MBC	기황후	6,448,186	16.92
4	KBS2	비밀	6,218,094	16.91
5	SBS	런닝맨	6,019,664	12.72
6	KBS2	슈퍼맨이돌아왔다	5,310,521	8.03
7	MBC	아빠어디가	3,864,828	13.36
8	KBS2	개그콘서트	3,374,101	17.67
9	JTBC	히든싱어시즌2	2,994,035	4.54
10	tvN	응답하라1994	2,913,081	8.37
11	JTBC	마녀사냥	2,376,700	1.61
12	SBS	K팝스타시즌3	1,866,343	9.72
13	MBC	우리결혼했어요	1,348,960	5.00
14	SBS	별에서온그대	1,337,467	17.82
15	MBC	라디오스타	1,324,252	6.09
16	MBC	진짜사나이	1,282,622	15.38
17	SBS	정글의법칙7	1,229,542	12.44
18	KBS2	인간의조건	583,246	6.56
19	KBS2	1박2일시즌3	533,842	12.69
20	MBC	오로라공주	488,518	18.50

백나영(2014. 4. 30), "본방 시청률 낮아도 VOD 인기 높은 프로 많아"(방통위, 스마트미디어 시청점유율 시범조사 결과 발표), 〈아이뉴스24뉴스〉.

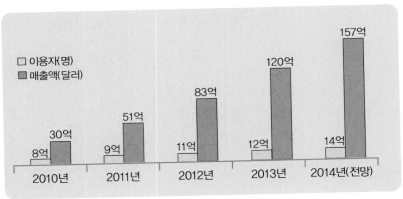

〈그림 6-4〉 늘어나는 전 세계 OTT이용자와 매출액

이용자(명)
매출액(달러)

8억 30억 2010년
9억 51억 2011년
11억 83억 2012년
12억 120억 2013년
14억 157억 2014년(전망)

자료제공: ABI 리서치

르면, 실시간 시청률과 VOD 시청이 비례 관계에 있지 않은 경우가 많은 것으로 나타났다. 스마트폰이나 PC 등 스마트미디어로 시청하는 비중이 높아지면서, 본방 시청률이 낮더라도 VOD 이용량이 이를 앞서는 경우가 많은 것이다.

조사회사에서 피플미터로 측정한 실시간 시청 측정결과인 본방송의 시청률보다, 상대적으로 시공간의 제약이 적은 VOD 시청시간이 더 높은 비율을 보인 프로그램에 주목할 만하다. 이 중 가장 큰 폭의 차이를 보인 것은 종합편성채널인 JTBC의 예능 프로그램 〈마녀사냥〉과 드라마 〈밀회〉이다. 방송통신위원회 자료에 의하면 〈마녀사냥〉은 평균 시청률이 1.61%에 불과하지만, 가구 시청률 17.82%를 기록한 MBC의 〈별에서 온 그대〉보다 VOD 이용수가 많은 것으로 나타났다. 즉 방송사의 편성시간에 맞추어 시청하는 경우보다, 자신이 원하는 시간대에 방송채널이 아닌 인터넷 기반의 매체를 이용하여 시청하는 VOD를 이용한 경우가 더 많다는 것이다. 이와 같이 VOD 이용의 증가는 지상파와 케이블 TV와 같은 기존 방송 서비스를 해지하고 인터넷을 기반으로 한 플랫폼을 이용하여 방송을 보는, 이른바 코드 커터족(Cord Cutters)의 증가와도 관련이 있다. 실시간으로 제한된 공간 내에서 시청해야만 하는 전통적 TV 시청을 거부하는 이들의 VOD 시청이 점차 증가하고 있으며, 해외 넷플릭스의 사례처럼 OTT업체의 급격한 성장을 이끄는 동인이 되고 있다. 전 세계적으로 VOD 이용자수가 매년 증가하고 있을 뿐 아니라 매출액을 기준으로 봤을 때는 2014년의 전망치가 2010년의 5배 이상을 기록하고 있어 향후에도 지속적으로 증가할 것으로 보인다. 이렇게 되면 가까운 미래에는 안방에서 실시간으로 방송사의 편성 시간대에 맞추어 TV를 시청하는 것보다 자신에게 적합한 시간과 장소에서 시청하는 비선형적인 시청행태가 오히려 더 일반화될 것이다.

새로운 미디어의 등장으로 인한 미디어 시장의 치열한 경쟁은 사업자 영역뿐 아니라 수용자 영역의 변화도 가져오게 되었다. 특히 인터넷 미디어 기반의 환경이 개방됨으로써 이러한 현상은 더욱 심화되고 있다.

제 7 장
· · ·
영상콘텐츠 마케팅의
기본 이해

영상콘텐츠 마케팅은 영상산업 현장과 실무에서 생산된 실천의 산물로서, 사회적·경제적 변화와 더불어 문화적 변화를 반영한다. 영상콘텐츠 마케팅은 조직이 생산한 영상물을 소비자에게 전달하여, 소비자에게 영상물의 가치를 인식시키고 구매를 촉진하며 교환을 창출하고 유지할 수 있도록 시장을 정의하고 관리하는 일련의 과정이다. 영상콘텐츠 마케팅은 영화나 드라마, 다큐멘터리와 같은 영상콘텐츠의 양적·질적 성장 및 수용자들의 폭발적인 증가와 사업자들의 치열한 경쟁 속에서 성장하게 되었다.

1. 영상콘텐츠 마케팅의 개념

영상콘텐츠 마케팅은 영상산업 현장과 실무에서 생산된 실천의 산물이
다. 마케팅은 "제품을 생산자로부터 소비자에게 원활하게 이전하기 위
한 기획 활동"이란 사전적 정의로 표현되는데,[1] 영상콘텐츠 산업에서
영화와 드라마와 같은 콘텐츠 상품이 희소했던 시대에는 별도의 노력
없이도 제작한 프로그램들이 소비자에게 전달될 수 있었다. 그러나 영
상콘텐츠 산업이 급격히 성장하며 대량생산, 대량소비의 시장구조가
성립되었다. 영화나 드라마, 다큐멘터리와 같은 영상콘텐츠의 양적·
질적 성장 및 수용자들의 폭발적인 증가와 사업자들의 치열한 경쟁 속
에서 소비자에게 제작된 콘텐츠 상품을 인식시키고 구매를 촉진하는 일
련의 과정이 주목을 받게 되었다.

영상콘텐츠 마케팅의 이해를 위해 가장 기본적인 개념부터 알아보고
자 한다. 영상콘텐츠 마케팅은 명확히 정의된 목표고객을 대상으로 이
들이 매력을 느끼고 구매할 수 있는, 가치 있는 콘텐츠를 창조하고 배
포하는 일련의 과정을 포함한다. 또한 이와 동시에 고객들의 선택이 영
상콘텐츠를 제작하고 관리하는 기업에 이익을 가져올 수 있어야 한다.
영상콘텐츠 마케팅의 개념은 마케팅의 기본 정의에서 출발하는데, 가
장 일반적으로 적용되는 마케팅의 정의는 미국마케팅학회에서 집대성
한 정의이다. 이를 정리해보면 1980년대 마케팅은 이를 수행하는 주체

---

[1] 마케팅에 대한 국어대사전의 사전적 정의를 인용하였다.

〈표 7-1〉 주요 마케팅 개념 정의

주체	마케팅 정의	주요관점
W. J. Stanton (1981)[1]	마케팅이란, 욕구 충족의 대상이 되는 제품이나 서비스를 현재적(actual) 및 잠재적 고객(potential or latent customer)에게 제공하기 위하여 계획하고, 가격을 산정하며, 촉진 및 분배하도록 설계된 기업 제 활동의 총체적 시스템이다.	조직 및 시스템
Philp Kotler (1991)[2]	마케팅이란 개인이나 집단이 타인에게 가치가 있는 제품을 창출, 제공, 교환함으로써 그들이 필요로 하고 원하는 것을 획득할 수 있게 하여 주는 사회적 및 경영 관리적 과정이다.	관리 및 과정
마케팅 정의 제정위원회 (2002)[3]	마케팅은 조직이나 개인이 자신의 목적을 달성시키는 교환을 창출하고 유지할 수 있도록 시장을 정의하고 관리하는 과정이다.	시장의 정의와 관리

1 William J. Stanton, *Fundamentals of Marketing*, McGraw-Hill, 1981, 4쪽.
2 Kotler, P., *Marketing Management: Analysis, Planning, Implementation and Control*, 7th ed., Englewood, Prentice-Hall, 1991, 4, 10쪽.
3 한국마케팅학회, 〈마케팅 연구〉, 17권 2호, 2002, 5~6쪽.

의 관점이 중요했다. 1985년 미국마케팅학회는 "마케팅이란 개인 및 조직의 목표를 만족시키는 교환을 창조하기 위하여 아이디어와 상품 및 서비스의 개념, 가격, 촉진, 및 유통을 계획하고 실행하는 과정"으로 마케팅을 정의했다.[2] 즉, 기업 또는 기타 조직이 마케팅의 방식을 기획하고 실행하는 과정이 곧 마케팅이었다.

위의 정의에서 알 수 있듯이, 마케팅은 주로 상품의 기획, 가격의 책정, 가입자 모집 등 조직의 관점, 수행자의 관점에서 정의되었는데,[3]

2 원문은 다음과 같다. "*Marketing is the process of planning and executing the conception, pricing, promotion, and distribution of ideas, goods, and services to create exchanges that satisfy individual and organizational objectives.*"(American Marketing Association, *Marketing News*, *19*(4), March 1985, p. 1.)
3 학계의 관련 연구자료는 다음과 같다.
   ① 유통 및 소매에 관한 연구: *JOR*(*Journal of Retailing*, 1925년 창간)

<표 7-2> 마케팅과 영상콘텐츠마케팅의 진화과정 비교

단계	주요관점	접근방법	영상콘텐츠마케팅 변화관점
1단계	유통에 초점 (1960년대까지)	상품별 접근 (commodity approach)	상품관점에서 프로그램의 판매(배급)에 초점을 두고 발전 (1980년대 후반까지)
		기관별 접근 (institutional approach)	
		기능별 접근 (functional approach)	
2단계	관리에 초점 (1970년대)	관리자적 접근 (managerial approach)	유료 영상콘텐츠 상품 성장으로 마케팅관리에 중점 (1990년대 후반까지)
3단계	전략에 초점 (1980년대 중반 이후)	전략적 접근 (Strategic Approach)	영상콘텐츠 산업내 경쟁이 치열해지며 전략개발에 중점을 둠 (2000년대 이후)

영상콘텐츠 마케팅의 발전 역시 영화와 드라마와 같은 콘텐츠의 생산과 배급이 조직을 통해 체계적으로 이루어지며 촉발되었다. 영상콘텐츠에 대한 마케팅이 개별 영화나 드라마가 아닌, 기업과 조직이 생산하고 배급하는 상품이라는 관점에서 접근하기 시작한 것이다. 4 다음은 조직의

---

② 마케팅에 대한 연구: JM (*Journal of Marketing*, 1937년 창간)

③ 마케팅조사방법에 대한 연구: JMR (*Journal of Marketing Research*, 1964년 창간)

④ 소비자에 대한 연구: JCR (*Journal of Consumer Research*, 1974년 창간)

⑤ 우리나라의 대표적 마케팅연구: 〈마케팅연구〉(*Korean Marketing Review*, 한국 마케팅학회 발간, 1986년 창간)

4 콘텐츠 산업을 지배했던 '콘텐츠는 왕'(Content is King) 이라는 개념은 영상콘텐츠 마케팅의 주된 시각을 해석하는 아주 중요한 문장이다. 1996년 이를 언급했던 빌게이츠 이전에도 바이어콤(Viacom) 의 레드스톤회장이 콘텐츠산업의 성공을 좌우하는 주요인으로 콘텐츠 상품을 지목했으며, 뉴스콥(News Corp) 의 머독 회장이나 구글 역시 이 개념을 지지했다.

관점에서 영상콘텐츠 마케팅을 이해하기 위해 시장의 변화에 따른 마케팅 접근방법의 변화를 살펴보고자 한다.

마케팅의 진화과정을 살펴보면, 마케팅은 초기 1960년대 유통의 관점에서 1970년대에는 관리의 관점, 1980년대 중반 이후에는 전략관점에서 발전되어온 것을 알 수 있다. 영상콘텐츠 마케팅 또한 유사한 발전과정을 거친다. 프로그램의 제작이 중심이던 1980년대까지는 마케팅 또한 상품관점에서의 판매 및 배급이 중시되었다. 그러나 영상콘텐츠 관련 산업이 확장되고 새로운 서비스들이 등장하면서, 조직을 체계화하고 유통 채널을 확장하는 등 영상콘텐츠 마케팅 영역에서 관리의 역할이 중시되었다. 2000년대 이후 산업 내 경쟁이 치열해짐에 따라 영상콘텐츠 마케팅전략의 개발과 실행이 중요한 과제로 자리 잡게 되었다.

현재 마케팅은 기존 사업자나 조직 중심의 정의에서 수용자 중심으로 전략의 기능과 역할이 확대되고 있다. 이는 마케팅의 정의에도 반영되는데, 미국마케팅학회에서 최근에 새로이 채택한 마케팅의 정의는 다음과 같다. "마케팅이란 기업과 기업의 이해 관계자들을 이롭게 하고자 고객에게 가치를 창출하고, 가치를 알리며, 가치를 전달하고, 고객 관계를 관리하기 위한 조직의 기능이자 일련의 과정이다."5 마케팅의 중심축이 조직에서 고객, 즉 수용자로 이동한 것이다.

영상콘텐츠 산업 또한 '콘텐츠가 왕'이라는 시각에서 '수용자가 왕'이

---

5 원문은 다음과 같다. *"Marketing is an organizational function and a set of processes for creating, communicating, and delivering value to customers and for managing customer relationships in ways that benefit the organization and its stakeholders."* (www. marketingpower. com 참고)

라는 시각으로 전환되고 있다. KBS·MBC·SBS와 같은 지상파 방송 사업자, 케이블 사업자, 위성방송 사업자들이 콘텐츠나 서비스 공급 차원에서 산업의 주도권을 쥐고 있었지만, 통신 사업자들이 IPTV 사업에 진출하고, 스마트폰과 태블릿 PC 등 모바일 인터넷 단말기를 통한 영상콘텐츠 공급시장이 급격히 성장하며 수용자가 콘텐츠 산업의 중심축으로 등장하게 되었다. 실제 콘텐츠 산업에서 광고주들의 주요 타깃인 18~49세 연령층의 시청률이 하락하며 TV 광고시장 성장률이 정체를 보인다. 또한 미디어 네트워크 사업부문은 OTT 서비스의 성장으로 가입자 이탈(*cord-cutting*)이 가속화되며, 영상콘텐츠 산업에서 마케팅의 중요성은 점점 커지고 있다.

2. 영상콘텐츠 마케팅에 대한 접근방법

사회가 발전하고 변화하며 시장의 수요와 공급의 관계, 경쟁의 양상은 달라질 수밖에 없다. 영상콘텐츠 산업은 사회적·경제적 변화와 더불어 문화적 변화를 반영하는 산업으로, 시장을 구성하는 기업과 고객, 사회를 바라보는 정책적 관점과 입장, 즉 마케팅의 관리철학(*Marketing Management Philosophy*)이 필요하다. 소비가 생산을 압도하는 시대, 즉 생산 개념(*Production Concept*) 시대, 인기 있는 콘텐츠가 시장을 압도하던 제품 개념(*Product Concept*)의 시대에 마케팅은 중요하지 않았다. 인기 있는 드라마가 방영되면 길거리에 다니는 사람이 줄어들고, 시청률이 70~80%를 넘어서며, 인기 영화배우가 한 해 수십여 편의 영화에 출연하던 시대에는 콘텐츠 산업에 마케팅부서가 존재하지 않았다. 그 대신 주로 편성이나 배급부서에서 간단한 홍보물이나 신문·잡지 관련 기사를 제공하는 수준에서 마케팅활동이 이루어졌다.

그러나 1995년 콘텐츠 산업에 다채널 방송이 소개되고, 2002년에 이르러 디지털 방송이 상용화되며 콘텐츠의 양적 증가가 폭발적으로 이루어졌다. 영화, 드라마, 오락, 정보교양, 뉴스 등 100여 개가 넘는 다양한 장르의 채널을 채울 콘텐츠들이 시장에 제공되며, 소비자들에게 자사 콘텐츠의 차별점을 알리고 판매를 촉진하는 판매 개념(*Product Concept*) 시대가 도래했다.

〈표 7-3〉의 매체별 시청점유율의 변화를 살펴보면, 2001년 당시 지상파TV의 시청점유율이 76%에 달했으나, 2013년에는 59%로 약

17%pt 감소한 것을 알 수 있다. PP채널들이 꾸준히 증가하고, 특히 2008년 KT, SK, LG 등 3대 통신기업이 IP를 활용한 IPTV 서비스를 제공하기 시작하며, 270여 개의 채널에서 콘텐츠들의 폭발적인 경쟁이 시작되었다. 영화나 드라마 장르에서는 경쟁업체들이 제공하는 콘텐츠들의 소재가 유사하고, 오락장르의 경우 출연자들이 겹치며, 채널 자체도 유사하고 패키지 서비스마저 특별한 차이점이 없어 시장은 더 이상 생산자의 시장이 아닌 소비자가 중심이 되는 시장으로 변화했다.

이런 경쟁적인 시장환경 속에서는 고객의 가치나 편익을 고려한 제품을 개발하고 제공하는 마케팅 개념(*Marketing Concept*)이 중요하며, 고객의 욕구와 시장의 요구를 파악하기 위한 각종 마케팅기법이 활용된다.6 영상콘텐츠 마케팅은 시장을 배경으로 사람과 사람의 관계, 조직과 조직의 관계로 이루어지기 때문에, 영상콘텐츠 산업을 구성하는 콘텐츠의 제작과 편성, 배급과 유통, 광고와 판촉의 과정에서 마켓이 아무리 훌륭하다 하더라도, 시장에 대한 이해와 사람 간·조직 간 관계에 대한 이해 없이는 성공할 수 없다. 따라서 영상콘텐츠 마케팅을 이해하기 위해서는 시장과 관계에 대한 이해가 선행되어야 한다.

---

6 콘텐츠 산업에서 마케팅이란 단어는 일찍이 1996년 미국의 신문편집자협회의 회의에서 오페달(John F. Oppedahl)이 언급하며 상용화되기 시작했고, 1998년 네스케이프에서 온라인 & 콘텐츠마케팅 부서를 만들며 본격적으로 국내에서도 사용되기 시작했다(Perich, 2014, 5쪽).

3. 영상콘텐츠 마켓의 분석

마케팅은 여러 주체들, 즉 주주, 기타조직, 공급자, 고객들과 각각의 이해관계 및 외부환경요인과 상호작용 속에서 통합적인 활동이 이루어진다. 〈그림 7-1〉은 마케팅활동에 영향을 미치는 내부 및 외부적 요인 및 상호작용 관계를 의미한다.

　위에서 언급한 마케팅활동의 상호작용이 발생하는 곳이 바로 마켓, 즉 시장이다. 영상콘텐츠 마케팅 역시 시장을 기반으로 하며, 콘텐츠를 통해 마켓을 현재진행형의 상태로 만들어 움직이게 하고자 한다. 즉, 'Market + ing'의 상태로 마켓을 움직여 시장을 확장하는 목표를 갖는 것으로, 마케팅의 이해를 위해서는 시장, 즉 마켓에 대한 이해가 필요하다. 마케팅의 대가로 평가받는 필립 코틀러(Philip Kotler)는 지금까지의 시장을 각각 '마켓 1.0'과 '마켓 2.0'으로 구분하였다. '마켓 1.0'과 '마켓 2.0'은 대기업이든 중소 상인이든 고객과 소통하는 방식이나 경쟁방식에 있어 지금의 상태와 크게 다를 것이 없는 시장환경을 의미한다. 프로그램을 공급하는 사업자는 콘텐츠를 제작하고, 플랫폼을 운영하는 기업은 고객들에게 콘텐츠를 전송하는 일방향적인 시장이 이 단계의 시장이다. '마켓 1.0'과 '마켓 2.0'에서 영상콘텐츠마케팅은 전문가들이 프로그램을 기획·제작·전송하는 방식으로, 조직을 중심으로 기획되고 조직의 관점에서 고객에게 전달되었다.

　〈표 7-3〉은 영상콘텐츠 산업에서 시장의 변화를 촉발하는 주요 요소들로서, 마케팅 조직은 시장변화를 민감하게 측정하며 상품 기획 및 전

안광호 · 권익현 · 임병훈 (2012, 30쪽) 참고.

략을 수정한다. 영상은 트렌드에 민감하기에, 소비자들의 선호요인을
즉각적으로 반영한다. 예를 들어 영화나 드라마에서[7] 아역배우들의 연
기가 주목을 받고, 토크쇼나 리얼리티 프로그램에서도 영유아, 어린
이, 청소년의 역할이 두드러지며 시청자들에게 인기를 얻게 되면, 해
당 연령대의 출연진이 포진된 콘텐츠가 급격히 증가하게 된다. 또한 판
타지를 선호하는 글로벌 트렌드가 관찰되면 국내 프로그램에도 초능력

---

7 MBC 〈해를 품은 달〉, 〈아빠 어디가〉, KBS2 〈슈퍼맨이 돌아왔다〉, JTBC 〈유자
   식 상팔자〉, SBS 〈오마이베이비〉 등 드라마 및 오락 프로그램에서 영유아, 어린이,
   청소년의 출연이 확대되고 있다.

<표 7-3> 매체별 시청점유율의 변화

	(년)	2001	2002	2003	2004	2005	2006	2007	2008	2009	2010	2011	2012	2013
시청 점유율 (%)	지상파 TV	76	74	69	65	61	61	59	58	57	57	56	59	59
	PP 채널	24	26	31	35	39	39	41	42	43	43	44	41	41
합계(%)		100	100	100	100	100	100	100	100	100	100	100	100	100

자료: TnMS 분석결과(2001년~2013년 누적자료 분석)

이나 예지력 등이 영화나 드라마, 오락프로그램의 주요 소재로 등장한
다. 현재 영상콘텐츠 시장은 위의 시장변화 요인들이 동시다발적으로
관찰되는 격변 속에 놓여 있고, 그 원인은 인터넷으로 인해 촉발된 미
디어산업 환경의 변화와 빠른 속도의 시장변화에서 찾을 수 있다. 코틀
러가 예언한 지금까지와는 전혀 다른 시장, '마켓 3.0'은 실제 영상콘텐
츠 시장에 이미 도달해 있다. "인터넷으로 촉발된 소셜 네트워크의 확
산", "세계화라는 거대한 패러독스의 팽창", "창의적 인간과 소통하는
… 이전과는 전혀 다른 시장"(Kotler (2010), *Marketing 3.0*. John Wiley
& Sons, 안진환 역(2010), 《마켓 3.0》, 타임비즈) 이 현재 콘텐츠를 공급
하고 소비하는 주체들이 직면하고 있는 시장이다.

영상콘텐츠 사업자들은 능동적으로 영상콘텐츠를 이용하는 수용자
들의 변화와 미디어기술이 가져온 변화에 대응하고자 소셜 네트워크 미
디어와 협력의 접점을 적극적으로 모색하고 있다. 소셜 미디어가 전통
적인 방송미디어의 지형을 개방 및 공유형 커뮤니케이션 형태로 변화시
키고 있다는 반 댄 댐(Van Den Dam, 2010)의 주장처럼, 미국의 네트
워크 방송사들은 상호연합을 통해 '훌루'(Hulu)라는 스트리밍 비디오

서비스를 제공하고 있고, 한국의 지상파 사업자들도 '푸크'(pooq)라는 OTT 서비스를 운영하고 있다. 영상콘텐츠 사업자들의 연합은 마케팅 관점에서의 협력으로 이해할 수 있는데, 마켓 3.0의 핵심키워드는 시장을 구성하는 각 주체들과 협력하고, 공동체적 문화를 경험하며, 영혼에 호소할 수 있는 가치의 창조라 할 수 있다.

영상콘텐츠 산업에서 마켓을 성장시키고 소비자를 움직이는 마케팅의 3대 요소는 '참여', '협력', '성장'이라 할 수 있다. 앞서 영상콘텐츠마케팅의 개념정의에서 콘텐츠가 왕이라는 시각에서 수용자가 왕이라는 시각으로 마케팅의 주체가 변화하고 있다고 언급했던 것처럼, 마켓의 분석에서도 소비자 개념이 주체적으로 등장하고 있다. 현재 인터넷과 스마트 디바이스의 급격한 융합으로 소비자의 주도성과 권한이 커지며 영상콘텐츠 산업에서 소비자들의 '참여'는 프로그램의 기획과 생산, 유통과 홍보의 핵심키워드로 자리 잡고 있다. 콘텐츠기업들은 스토리를 중심으로 소비자가 참여할 수 있는 소비자와의 협력관계가 중요하다는 것을 인지한다. 따라서 프로그램 기획단계부터 소비자들이 참여할 수 있는 구체적 장치들을 마련한다. 스마트미디어 환경 속에서 PC나 스마트폰을 통한 프로그램의 직접참여부터 프로모션 단계의 참여까지 다양한 참여의 개념을 실제 마케팅 활동에 적용하고 있다.

다음으로 영상콘텐츠 마켓을 움직이는 중요 개념은 협력, 즉 파트너십이다. 〈표 7-4〉에서도 알 수 있듯이, 콘텐츠는 개인의 가치뿐 아니라, 조직의 가치관과 조직에 영향을 미치는 각 구성원들의 가치를 반영한다. 콘텐츠를 기획하고 생산하는 구성원들은 기업이 지닌 고유한 가치를 공유하고 협력적인 행동을 수행하게 된다. 만일 자신이 소속된 조

<표 7-4> 시장변화 촉발요인

주요요인	내 용
인구통계학적 요인	소비자들의 나이, 성별, 교육 정도의 변화
심리학적 요인	라이스 스타일, 가치, 행동 등의 변화
지리학적 요인	주요지표의 지리적 이동 및 확장
시장 요인	경쟁사업자 대비 점유율 변화
글로벌 요인	글로벌 소비자와 글로벌 경쟁자의 변화
기술적 요인	혁신을 통한 기술도입 및 서비스의 발전(3D, UHD등)
제품 요인	제품 수명주기의 변화(셋탑박스, 모바일 등)
소비자 요인	소비자 욕구의 변화
정부 규제요인	시장진입 및 철수에 영향을 주는 정부의 규제 변화

직이 어린이와 가족에 대한 가치를 중시하는 조직이라면, 조직의 이해에 따라 콘텐츠의 방향을 설정하고 이에 합당한 프로그램들을 생산해낼 것이다. 협력사들도 마찬가지로 해당 기업의 가치를 유지하고 확산하기 위한 파트너십을 공고히 하게 된다. 이런 협력은 소비자와의 관계에서도 형성되는데, 영상콘텐츠는 기업의 비전과 스토리를 포함하기에, 소비자들이 직접 프로그램의 진행과정에 관여하면서 소비자와의 협력 관계가 공고해진다. 회를 거듭하며 시청자들의 충성도를 심화하는 장치와 활동들이 바로 구체적인 영상콘텐츠의 협력 마케팅 방식이다.

영상콘텐츠 마켓을 움직이는 마지막 주요개념은 지속성장이다. 세계적인 컨설팅 업체인 보스텀컨설팅그룹(BCG)의 한스 파울 뷔르크너(Hans Paul Buerkner) 회장은 성장을 강조하는 대표적 인물이다. 2008년 금융위기 이후 성장보다는 성장 속에 드리운 그늘이 주목을 받고, 성장이 악의 근원이자 비루한 단어처럼 비추어지고 있는 현재시점에서 시장을 움직이는 개념으로 성장을 꼽는다는 것은 쉽지 않은 선택이다.

2014년 4월, 세월호 침몰로 인한 사회적 혼란은 '정의와 신뢰'에 대한 고객의 니즈를 촉발했고, 프로그램 제작자들은 '의리'를 외치는 연예인의 적극적 기용을 통해, 소비자들의 지속적 시청과 충성도를 자극했다.

이 시기에 위기에 처한 나라를 구한 민족의 영웅, 이순신 장군을 테마로 영화 〈명량〉이 개봉 이틀 만에 100만 관객 돌파라는 무서운 성과를 기록하기도 했다.

뷔르크너 회장은 시장의 주체가 소비자이며, 기업이 성장하기 위해서는 소비자의 영혼에 호소하는 가치가 창조되어야 한다고 언급하는데, 8 영상콘텐츠 마케팅은 시장을 움직이기 위해 소비자의 니즈를 파악하고 이들의 마음을 움직일 수 있는 순발력 있는 마케팅활동이 이루어질 때 지속성장이 이루어질 수 있다.

---

8 CEO 인터뷰 참조(2014. 6. 28일 자 〈중앙일보〉 13면).

4. 영상콘텐츠 마케터와 고객의 관계

마케터는 시장을 분석하고 상대방에게 의도된 반응을 예측하며 활동을 수행한다. 비록 시장이 우호적이고 안정적인 상황이라 할지라도 시장을 분석하고 일을 추진하는 사람이 없으면 성공할 수 없는 것이 마케팅이다. 영상콘텐츠 산업을 자세히 들여다보면, 동일한 과제를 수행하더라도 사람의 능력에 따라 결과의 차이가 크게 나타나는 경우를 흔히 볼 수 있다. 상품기획·가격설정·유통·판촉 등 4대 영역에서 마케터의 역량은 매우 중요하다.

영상콘텐츠 마케팅은 역사가 길지 않기에 현재 산업에 포진해 있는 전문가[9]의 수가 매우 제한적이고, 스마트미디어와 연동한 폭발적 시장 확장에 힘입어 미래성장 가능성이 매우 높은 분야이다. 앞서 "콘텐츠가 왕"이던 콘텐츠 산업에서 소비자의 위상이 급격히 상승하고 있음을 언급했다. 스마트미디어의 급격한 확산에 따라 수용자가 '갑'이 된 현재의 시장상황 속에서 소비자와의 관계가 점차 중요해지고 있다. 마케팅 분야에서 소비자와의 관계는 소비자의 마음을 사고 제품을 판매하는 관계로 설명된다. 소비자는 금전적 비용, 시간, 노력과 같은 비금전적 대가를 지급하고 서비스, 품질, 체험 등을 취득한다. 소비자는 자신에게 가치가 있다고 판단되지 않으면 제품을 선택하지 않는다. 콘텐츠의 경우

---

9 마케터와 관련된 직함으로는 PM(*Product Manager*), BM(*Brand Manager*), CM (*Customer Manager*), CMO(*Chief Marketing Officer*), CCO(*Chief Customer Officer*), CEO(*Chief Executive Officer*) 등이 있다.

<표 7-5> 고객 충성도의 구분

구분	행위	효과
태도적 충성도	지속적 이용 표현 (경제적/감정적 애착)	정서적으로 몰입
행위적 충성도	유료콘텐츠의 반복구매	콘텐츠 상품이나 서비스에 몰입

도 다르지 않다. 콘텐츠를 소비하는 데 소요되는 비용이나 시간에 비해 기대를 충족시키지 못하는 콘텐츠는 소비자에게 철저히 외면 받을 수밖에 없다.

영상콘텐츠 마케터는 소비자와의 관계형성을 위해, 자사제품의 가치와 능력에 대한 믿음을 제공한다. 또한 소비자들이 호의적인 감정을 지닐 수 있는 기회를 제공하고, 거래의 기간과 접촉빈도의 상승을 통해 지속적인 관계를 유지하고자 한다. 소비자와 관계는 단기적 관계와 장기적 관계가 존재하는데, 궁극적으로 마케터가 지향하는 고객과의 관계는 심리적 결속을 통해 지속적인 거래관계가 유지되는 충성도 높은 고객관계이다.

콘텐츠 산업도 관계중심적인 측면이 강하기 때문에 콘텐츠를 제작하고 배급하고 소비하는 과정에서 충성도 높은 고객관계를 유지하는 경우, 결국 이는 마케팅 비용의 절감과 수익성 증진, 높은 구전효과를 가져오게 되며, 나아가 조직이 지속적인 경쟁우위를 점하도록 한다. 프리미엄 고객서비스는 믿고 보는 감독, 흥행보장 배우, 탁월한 식견의 제작자, 명성 있는 평론가 등과 더불어 고객들에게 선택의 편안함을 제공하며, 고객들이 더욱 충실하게 공급자와 관계를 유지할 수 있도록 촉진한다. 고객의 충성도는 <표 7-5>와 같이 구분된다.

〈표 7-6〉 영상콘텐츠 상품을 이용하는 고객데이터분석 활용의 예

고객구분	데이터 베이스구분	판단요인
프리미엄 고객	구매 행동	구매 시기, 구매 빈도, 구매량
유망고객	지속성	미래이익
과거고객		
철수대상고객	태도	만족·몰입 정도

콘텐츠를 반복적이고 지속적으로 이용하고 구매하기 위해서는 행위적인 충성과 태도적인 충성, 두 가지가 수반되어야 한다. 태도적 충성도는 해당 콘텐츠나 서비스에 만족하였을 경우 지속적으로 해당 콘텐츠나 서비스를 계속 이용하겠다는 높은 수준의 태도를 의미하며, 이후 고객은 경제적인 지불이나 정서적인 몰입의 형태로 자신의 충성도를 표출한다. 그리고 행위적 충성도는 반복시청이나 이용, 구매 등의 행위를 통해서 해당 콘텐츠나 서비스에 몰입하는 상태이다.

소비자와의 관계를 통한 마케팅접근방법에서 고객들의 이용행태에 기반한 데이터베이스는 고객과의 관계를 정밀하게 세팅하는 데 큰 도움이 된다. 고객들의 콘텐츠 이용행태 데이터를 분석해보면, 구매시기와 구매빈도, 구매량, 지속성과 몰입도 등이 분석된다. 최근 IPTV나 OTT 서비스 등 양방향 기반의 서비스가 확대되어 소비자의 이용에 대한 정확한 데이터 추출이 가능해졌다. 따라서 콘텐츠 이용자가 얼마나 최근에, 얼마나 빈번하게, 얼마나 많은 콘텐츠를 유료 혹은 무료로 이용했는지, 만족도와 몰입도는 어떠했는지, 향후 얼마나 지속적인 충성도가 유지될 것인지 등의 분석을 통해 고객과의 관계가 형성된다.

시장은 언제나 마케팅보다 빨리 변하기 때문에(Kumar, 2004, 1쪽)

고객과의 관계, 소비자와의 관계에 대한 순발력 있는 분석과 대안 제시가 필요하다. 고객에 대한 데이터 축적과 분석, 전략의 수립을 위해서는 콘텐츠마케터 개인의 역량도 중요하지만 조직의 역량이 중요하다. 콘텐츠마케팅은 조직에서 수행되기에 조직의 체계적인 마케팅 역량이 그 기반이 되어야 하며, 조직으로서의 접근, 업무를 수행하는 과정 (*Process*) 으로서의 접근이 필요하다. 영상콘텐츠 산업이 성장하며 점차 콘텐츠마케팅에 대한 관심과 역할이 확대되고 있으며, 콘텐츠마케팅 또한 조직의 과정이라는 관점에서 이해되고 있다.

2001년 위성방송의 론칭을 앞두고 유료방송시장의 경쟁이 매우 치열했다. 경쟁우위를 지닌 차별화된 상품구성이 절실했던 시기에 브랜드 인지도가 높은 콘텐츠 상품의 독점적인 확보는 사업의 성패에 매우 중요했고, 이때 필수확보대상으로 지목된 상품이 디즈니브랜드의 채널이었다. 디즈니는 어린이 타깃의 채널이었기에 디즈니사는 '해당 국가 어린이들이 이해할 수 있는 언어로 전달해야 한다'는 내부지침이 있었다. 당시 한국은 방송법상 해외재전송채널의 더빙을 허용하지 않았기에, 디즈니사는 계약금액에 상관없이 한국의 방송법이 더빙을 허용하거나, 국내 사업자와 합자법인을 통한 채널사업이 가능할 때까지 한국의 진입을 유보한다는 입장이었다.

콘텐츠 산업에서 가장 어려운 이슈는 돈으로 해결할 수 없는 상황에 직면하는 것이다. 즉, 법이나 정책상의 이슈, 국민정서상의 이슈 등이 바로 그것이다. 디즈니사를 설득하기 위해 긴급 시장조사를 진행하여 디즈니 채널을 한국어보다 영어로 시청하기 원하는 학부모들의 비율과 유료시청의지 비율을 통계수치로 확보했다. 한국 유아영어 사교육 시장규모와 사업자들의 FGI 설문결과를 들고 직접 디즈니채널의 앤 스위니 사장과 협상을 했고, 협상 6개월 만에 독점계약을 체결하고 방송위원회의 승인을 획득할 수 있었다.

제 8 장

영상콘텐츠
마케팅전략

영상콘텐츠 마케팅은 시장 및 소비자, 경쟁상황에 대한 분석을 토대로 마케터가 통제할 수 있는 통제가능한 변수인 상품·가격·유통·프로모션의 4P 스키마(Schema)를 통해 이루어진다. 영상콘텐츠 산업에서 콘텐츠를 이용하는 소비자의 영향력이 확대되면서 전략 중에서도 소비자와 직접적으로 대면하는 마케팅 영역이 점차 확장되는 등, 영상콘텐츠 마케팅 전략의 필요성이 강조되고 있다.

1. 영상콘텐츠 마케팅의 전략화

영상콘텐츠 시장의 경쟁은 나날이 치열해지고 있다. 기존의 올드미디어와 뉴미디어 기업을 넘어, 제조사, 통신사, 인터넷 기업들까지 디지털 콘텐츠 시장의 새로운 강자가 되기 위해 경쟁에 뛰어들었다. 따라서 영상콘텐츠 시장의 성장과 산업의 확장을 기반으로 한 경쟁 속에서는 마케팅전략이 필요하다.

기업의 전략은 기업이 이미 가지고 있는 최대의 강점을 분석하여 이를 발전시키는 데 그 의의를 갖는다. 영상콘텐츠 산업에서 마케팅전략

〈표 8-1〉 조직에서 수행되는 마케팅의 종류와 내용

마케팅의 종류	구분	내용
비영리조직마케팅 (Nonprofit Organization Marketing)	거시마케팅 (Macro Marketing)	사회적 마케팅 (Social Marketing)
	미시마케팅 (Micro Marketing)	지역마케팅 (Local Marketing)
영리조직(기업)마케팅	제조업마케팅[마케팅의 원형(Prototype)으로서 편의상 '마케팅'이라고 함]	
	서비스업마케팅	
소비재마케팅 (Consumer Marketing)	내구재마케팅, 포장소비재마케팅(Consumer Packaged Goods Marketing) 농수산물마케팅(Agricultural & Fishery Marketing)	
산업재마케팅	특수분야마케팅	문화마케팅(Cultural Marketing) 하이테크마케팅(High-Tech Marketing) 금융마케팅(Monetary Asset Marketing) 부동산마케팅(Real Estate Marketing)

* 그 외의 것은 모두 여기서 파생된 버전(Version)으로, 포장소비재마케팅(CPG Marketing)이 핵심이다.

이 필요한 이유는 영상콘텐츠를 이용하는 소비자의 영향력이 확대되고 있으며, 전략 중에서도 소비자와 직접적으로 대면하는 마케팅 영역이 필요하기 때문이다. 또한 마케팅이 개인이나 조직의 목적을 만족시키기 위하여 아이디어·상품, 그리고 서비스의 개념· 가격·판촉 및 유통을 계획하고 수행하는 프로세스를 포함하기 때문이다.

〈표 8-2〉 마케팅전략에 대한 다양한 정의

연구자	전략에 대한 정의	주요점
Drucker (1954)	전략은 현 상황을 분석하고, 필요시 변경시키는 것으로 기업자원의 현 상태와 미래를 파악하는 것	미래전략
Chandler (1962)	전략은 조직의 장기목적과 목적달성을 위해 자원의 배분을 결정하는 것	포괄적 전략
Ansoff (1965)	전략은 기업이 자신의 현재적 및 잠재적 능력의 제약 하에 현재 위치에서 미래위치로의 전환을 위해 고안	미래전략
Bracker (1980)	조직의 목표달성을 위해 기업의 내부 및 외부환경을 분석하여 자원 활용을 극대화하는 활동	기업 자원활용의 효율화
Andrew (1987)	기업이 달성하려는 목적, 목표, 정책, 계획, 기업이 관여하는 제품시장영역에서 경쟁방식을 결정하는 의사결정유형	계획과정에서 수립되는 의사결정 결과
Mintzberg (1978)	조직에서 발생하는 주요 의사결정과 행동에서 나타나는 유형	점진적인 의사결정의 산물
Hofer & Shendel (1978)	제한된 환경 속에서 목표달성을 위해 조직이 사용하는 수단으로 환경과 자원동원의 상호작용 유형	목표달성을 위한 수단
Glueck (1980)	전략은 기업의 기본목표 달성을 위한 종합적 활동계획	미래지향족인 통합활동
Ohmae (1988)	고객을 위한 가치창조	경쟁사 대비 고객가치 증진
Poter (1996)	기업의 경쟁우위를 구축하고 구체적인 경쟁방식을 선택하는 의사결정	환경분석을 통한 기업의 위치 결정
Barney (1997)	한정된 경영자원을 효과적으로 배분하는 의사결정의 패턴	기업의 내부자원과 역량

조영탁(2004, 42쪽) 및 김종하(2014) 내용을 기반으로 재구성.

2. 영상콘텐츠 마케팅 과정

영상콘텐츠 시장의 급격한 팽창으로 사업자 간 경쟁이 심화되고 고객의 욕구도 점차 세분화되고 있다. 따라서 영상콘텐츠 시장을 소비자의 니즈와 그들이 상품을 구입함으로 얻고자 하는 편익, 그리고 인구통계적 요인 등을 기초로 시장을 분류하고, 영상콘텐츠 시장 또한 영상콘텐츠를 소비하는 소비자들의 욕구와 이용 동기를 분석할 필요가 있다.

시장세분화가 이루어져야 시장 기회를 용이하게 포착할 수 있고, 수용자의 욕구변화에 용이하게 대응할 수 있다. 시장을 세분화하는 방식은 ① 정확한 정보파악 및 분석, ② 경쟁사 및 경쟁서비스 분석, ③ 일관성 있는 시장의 유지 등 세 가지로 요약된다. 시장을 세분화하여 목표시장을 설정하고, 해당 고객에게 자사의 제품이나 서비스를 각인시키는 STP(*Segmentation, Targeting & Positioning*) 분석은 시장을 객관적 잣대로 분류하고, 자사의 상품에 적합한 고객들을 명확히 분석하여, 이들에게 소구(訴求, *appeal*)될 수 있는 적정한 상품을 제공하는 가장 기본적인 과정이며, 이 토대 위에서 마케팅믹스의 활용이 가능해진다.[1] 먼저, 정확한 정보파악 및 분석에 있어 시장을 계량적으로 분석하기 위해서는 정확한 정보를 취합하여 자사의 수익성이 보장될 수 있는 시장을 선택할 수 있어야 한다.

---

[1] 이 책에서는 콘텐츠마케팅전략의 기본적인 이해를 위한 기초전략을 다루고 있다. 콘텐츠마케팅전략의 심화내용은 김종하(2012, 2014)를 통해 서술하였다.

<그림 8-1> 영상콘텐츠 마케팅전략 수립과정

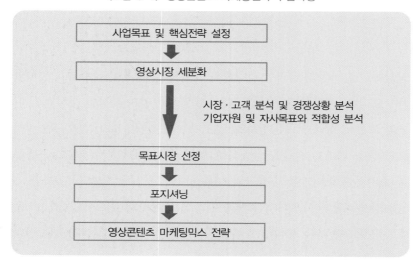

<그림 8-2> 영상콘텐츠 시장 세분화과정의 예

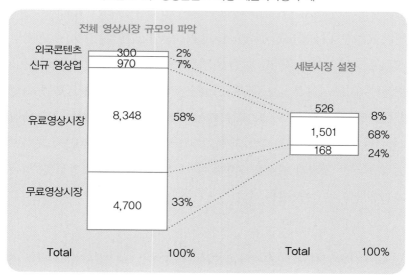

〈그림 8-3〉 영상콘텐츠 목표시장 설정의 예

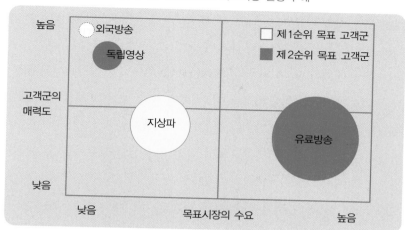

* 원의 크기는 해당 매체 가입자의 규모임.

〈그림 8-2〉처럼, 새로운 서비스를 기획하는 단계에서 유사한 서비스를 제공하는 영상콘텐츠 시장의 총규모를 파악하고, 이 시장을 세분화시켜야 한다. 방송시장의 예를 들면, 지상파 방송, 케이블TV, 위성방송, IPTV, OTT 등의 총 시장 및 세분시장별 시장규모를 산정하는 작업이 필요하다. 세분시장 분석이 끝나면, 이를 통해 새로운 영상콘텐츠 서비스가 공략해야 할 목표시장을 선정하게 된다.

그리고 목표시장에 따라 소비자의 마음속에 자사의 콘텐츠 상품이나 서비스를 어떻게 위치시킬 것인가를 고민하게 된다. '새로운 감각의 오락채널', '만나면 좋은 친구', '수신료의 가치를 실현하는 방송', '가장 빠른 뉴스'(Be the first to know) 등 세분화과정을 통해 선정된 목표시장의 시청자들이 원하는 이미지로 포지셔닝 하기 위해 해당 시장에 적합한 패키지나 가격전략 및 영업목표 등을 순차적으로 수립하게 된다.

영상콘텐츠시장을 세분화하는 과정에서 가장 중요한 것은 경쟁사 및 경쟁서비스 대비 시장이 명확히 구분되어야 하고, 반드시 차별성을 가져야 한다는 것이다. 1995년 유료방송이 도입되며 기존의 종합편성채널에서 전문편성채널로 채널 시장이 세분화되기 시작했다. 영화채널, 뉴스채널, 교육채널, 음악채널 등 명확한 목표 고객을 가진 채널들이 등장하며 각 채널이 차별화된 자신만의 소비자층을 형성하기 시작했다. 영화채널의 경우 영화의 방영시기, 즉 영화가 상영되는 윈도의 기간을 기준으로 프리미엄 블록버스터영화채널이 등장했고, 남성중심의 액션영화채널, 로맨스 중심의 여성영화채널, 독립영화채널, 고전영화채널, 미국드라마를 주로 편성하는 미드채널 등으로 더욱 세분화되었다.

영상콘텐츠 시장 세분화과정에서 또 하나의 중요한 포인트는 일관성과 지속성을 가지고 시장을 유지해나가야 한다는 것이다. 영상콘텐츠의 속성을 파악하고 환경을 분석하여 시장을 세분화했다면, 소비자들의 콘텐츠 이용이 활성화될 수 있도록 꾸준하고 섬세하게 시장을 개발하여야 한다. 영상콘텐츠 시장의 경쟁이 심화될수록 새로운 서비스가 자리 잡는 데 소요되는 비용과 시간이 늘어날 수밖에 없다. 따라서 해당 시장에 대한 확신, 시장이 활성화될 때까지 서비스를 유지할 수 있는지 경제적·물리적 상황에 대한 분석이 시장 세분화전략을 성공적으로 수행할 수 있는 조건이 된다.

3. 영상콘텐츠 마케팅믹스

영상콘텐츠 마케팅을 이해하기 위해서는 상품, 가격, 유통, 프로모션의 4P 스키마(*Schema*)에 대한 이해가 필수적이다. 마케팅믹스는 통제 가능한(*controllable variables*) 마케팅변수, 혹은 마케팅수단(*marketing tools*)을 의미하는데, 여기서 믹스(*mix*)라고 표현하는 것은 마케팅수단의 통합이 성공적인 마케팅 활동을 위해 중요하기 때문이다. 4P의 각 수단들이 서로 관련을 맺고 일정 부분을 의존하는데, 주어진 시기, 주어진 세분시장에 가장 적합한 선택적 믹스(*optimal mix*)가 존재하며, 가장 적합한 믹스를 마케팅 프로그램이라고도 한다(전인수·배일현, 2006). 여기서 언급하는 상품, 가격, 유통, 프로모션의 4P는 마케팅 부서, 즉 마케팅 행위자가 통제할 수 있는 통제가능한 변수들이다.

상품과 가격, 판촉과 유통의 4P에서 고객을 중심으로 마케팅활동을 구성하는 4C, 기본 마케팅통제변인인 4P에 마케팅의 과정과 수용자, 물리적 행위를 마케팅수단으로 고려하는 7P 등 마케팅믹스의 변인들에 따라 다양한 접근방식이 존재한다. 이 책에서는 1960년 게롬 맥카티(Jerome McCarthey)가 4P의 개념을 소개한 이후로, 전 세계 마케터들에게 가장 오랜 기간 널리 사용되어온 4P를 통해 시장에 접근하는 방법들을 구조화하는 틀로서 마케팅믹스를 설명하고자 한다.

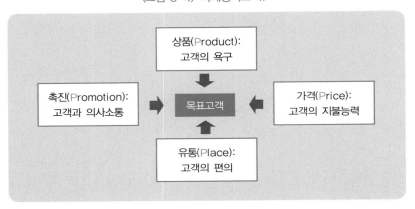

<그림 8-4> 마케팅믹스 4P

상품(Product):
고객의 욕구

촉진(Promotion):
고객과 의사소통

목표고객

가격(Price):
고객의 지불능력

유통(Place):
고객의 편의

<표 8-3> 마케팅믹스 접근방법

	7P (4P + 3P)	4C
4P	상품기획(Product)	고객솔루션(Customer solution)
	가격책정(Price)	고객수용가격(Customer cost)
	광고 및 판촉(Promotion)	고객소통(Communications)
	유통경로의 결정(Place)	고객신뢰(Convenience)
3P	프로세스(Process)	
	사람(People)	
	물리적 증거(Physical Evidence)	

1) 상품

상품(*Product*)은 영상콘텐츠 마케팅의 가장 핵심이 되는 상품전략의 바
탕으로, 영상콘텐츠의 기획과 배급, 구매 및 소비자의 피드백의 과정
을 포괄한다. 콘텐츠 산업에서 상품은 콘텐츠를 지칭하는데, 콘텐츠의
영역에는 영화, 음악, 게임, 도서, 출판 등 영상과 비영상 상품이 포함
되며, 이 책에서는 영상영역을 중심으로 마케팅원리를 분석한다. 2

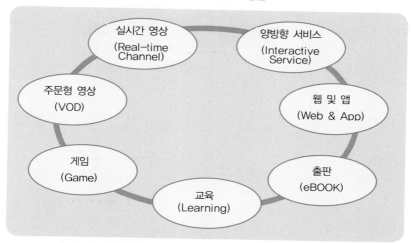

김종하(2012), 《콘텐츠비지니스 입문》, 커뮤니케이션북스, 2012, 13쪽.

영상콘텐츠 상품을 기획하는 부서 및 담당자는 콘텐츠의 제작과 구매에 따른 채널 내의 편성, 각 윈도별 배급전략에 따른 채널 간 편성, 패키지구성 전략을 수립하고 시행한다. 영상콘텐츠 상품은 대표적인 경험재로서, 경험해보지 않고서는 해당 콘텐츠의 가치를 인지하기 쉽지 않다. 따라서 상품을 기획할 때 시장조사 및 데이터 분석을 통해 고객들의 욕구를 반영하고 영상콘텐츠의 목표고객과 고객들의 특성 및 선

---

2 방송의 경우 KBS, MBC, SBS, EBS와 같은 실시간 채널과, 원하는 프로그램을 원하는 시간에 볼 수 있는 주문형 영상서비스(*Video On Demand, VOD*)로 구분된다. 단방향의 방송망과 양방향의 통신망이 융합되어 양방향 서비스는 점차 콘텐츠영역에서 중요 상품으로 성장하고 있다. TV 시청자들이 스마트폰을 통해 프로그램에 참여하고, 프로그램과 연동한 게임을 하거나 정보를 검색하는 등 새로운 영상콘텐츠 포맷이 발 빠르게 개발되고 있다.

〈그림 8-6〉영상콘텐츠 상품구성 개념도

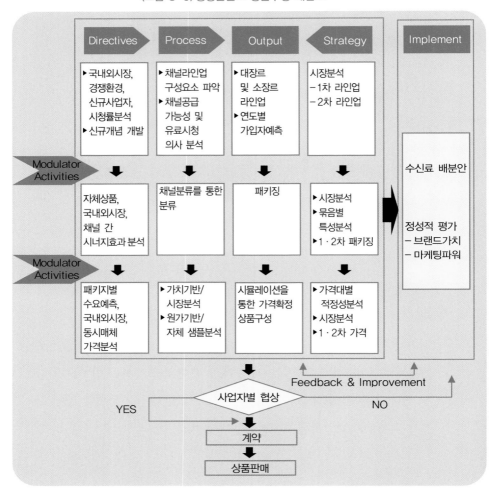

호도 등을 명확히 분석하여, 소비자들이 수용하기 용이한 경로와 방법을 예측한다. 또한 최대한 소비자가 직접적으로 경험하기 이전에 콘텐츠에 대한 예상이 가능하도록, 또한 전체적인 마케팅믹스의 구성요소들이 서로 긴밀히 연계되어 최대한 활용할 수 있도록 전략을 총괄한다.

영상콘텐츠 산업이 성장하며, 상품화를 통해 소비자의 선택과 이용의 편익을 증진하기 위한 전략이 각광을 받고 있다. 200여 개가 넘는 채널과 30만 편의 VOD를 그대로 제공한다면, 시청자는 어떻게 영상상품을 이용해야 할지 길을 잃게 될 것이다. 따라서 상품을 담당하는 마케팅부서에서는 고객의 성향과 시청의지, 콘텐츠를 분석하여 상품패키지를 구성한다. 장르별, 시청특성별, 사업자별 등의 기준을 설정하여 소비자가 쉽게 접근할 수 있는 상품을 구성하는 것이다. 최근 영상콘텐츠 상품기획 현장을 살펴보면, 스마트미디어 환경 속에서 영상콘텐츠의 기획 초기단계부터 영상콘텐츠와 앱(App) 서비스를 연계하는 전략을 통해, 패키지 연계, 또는 영화·드라마·애니메이션·게임 등 개별 영상콘텐츠와 앱 서비스 연계 상품을 개발하여 소비자에게 제공하기도 한다.

2) 가격

가격은 소비자들이 상품을 수용할 수 있는 지불능력에 기반하는데, 영상콘텐츠 상품이 유료화되며 콘텐츠 상품의 가격은 소비자와 직접적으로 교감하는 주요전략으로 자리 잡고 있다. 가격설정의 가장 우선적 목표는 매출 성장에 있으며, 이와 동시에 이용자들의 구매를 촉진하여 시

〈그림 8-7〉 가격 결정의 두 가지 접근방법

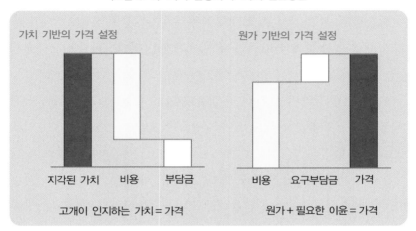

〈그림 8-7〉 가격 결정의 두 가지 접근방법

김종하(2012), 《콘텐츠비지니스 입문》, 커뮤니케이션북스, 2012, 26쪽

장을 확장할 수 있는 전략이어야 한다. 동시에 가격은 소비자에게는 이성적·감성적으로 이해할 수 있는 수준으로 설정되어야 하며, 사업자에게는 가능한 한 높은 마진을 제공할 수 있도록 하는 전략을 구사해야 한다(김종하, 2014).

가격은 상품과 소비자를 잇는 매개체로서, 상품의 원가, 유사 문화 상품의 가격, 해당 상품을 소비하는 목표 소비자들의 가격 민감도, 타국의 사례 등을 분석하여 결정된다. 이렇게 가격 설정과정이 복잡한 이유는 콘텐츠가 문화를 반영하는 상품이기 때문이다. 그러므로 원가나 개인이 수용가능한 가격뿐 아니라 가족이 합의할 수 있는 가격, 최종적으로 콘텐츠 상품을 구매하는 구매결정자가 수용할 수 있는 최적 가격에 대한 분석이 필요하다. 콘텐츠 상품의 가격을 결정하는 가장 기본적인 두 가지 접근방법은 〈그림 8-7〉과 같다.

콘텐츠 상품의 가격을 결정하는 방식에는 상품의 원가를 기반으로 한 원가 기반의 가격설정방식과, 가치를 기반으로 한 가치 기반의 가격설정방식이 있다. 사업자 입장에서는 원가 기반의 가격설정방식이 가격을 설정하는 데 상대적으로 용이하다. 왜냐하면 상품구성을 위해 소요되는 원가와 예상 판매율에 따라 가격을 결정하고, 이러한 계획에 따라 비교적 안전하게 비용을 회수할 수 있기 때문이다. 그러나 가치 기반의 가격설정방식은 원가가 아닌 고객의 잠재적인 가치를 반영하기에 원가에 미치지 못할 수도, 반면 이윤을 극대화할 수도 있다. [3]

3) 유통

영상콘텐츠 산업에서 유통은 콘텐츠의 배급과 유통, 두 가지 개념으로 구분하여 이해할 필요가 있다. 콘텐츠의 배급은 콘텐츠 상품이 지닌 고유한 '규모의 경제'적인 특성으로 인해 콘텐츠의 시장과 소비가 확장될수록 콘텐츠 상품의 효율성이 향상됨에 기인한다. 영화의 경우 영상콘텐츠의 제작·투자·배급의 과정이 분업화되어 배급은 대부분 전문 배급사를 통해 이루어지는 반면, 방송 상품이나 일반 영상상품의 경우 제작이나 편성을 담당하는 방송사 내에 배급팀을 두기도 하고, 외부 전문 배급업체와 계약을 통해 프로그램들을 배급하기도 한다.

프로그램의 배급과 관련하여 윈도 조정, 계약사 선정 등은 주로 편성

---

3 콘텐츠 상품의 가격전략에 대한 심화내용은 《콘텐츠비지니스 입문》(김종하, 커뮤니케이션북스, 2012)을 참조하도록 한다.

<표 8-4> 고객 접점 유통채널에 따른 특장점 분석

구분	방법	특장점
면대면 유통채널	대리점	고객 편이, 상품 체험
	영업사원	1:1 밀착
비대면 유통채널	전단지	정보 제공
	콜센터	고객 서비스 제공
	텔레마케팅	신규 고객 확보
	인터넷	토털 서비스 제공
	TV광고	상품 이미지 강화

김종하(2012), 《콘텐츠비지니스 입문》, 커뮤니케이션북스, 2012, 34쪽.

팀이나 상품전략팀, 콘텐츠기획팀에서 담당한다. 마케팅차원에서 콘텐츠 유통채널을 수립하고, 유료로 영상콘텐츠를 이용하는 소비자들에게 보조금을 지급하도록 하는 정책, 유통 채널별 수수료전략(표 〈8-4〉 참조) 등은 콘텐츠마케팅부서에서 수립된다. 4 영상콘텐츠 상품의 배급은 주로 프로그램 측면에서 다루어졌다. 영상상품의 가장 대표적 상품인 영화를 예로 들면, 먼저 극장에서 상영되고 비디오나 DVD를 통해 출시되며 유료방송과 VOD, 해외시장 등으로도 배급된다.

그러나 최근 유료방송시장 및 VOD 시장, 해외시장의 급격한 성장에 따라 극장상영과 동시에 VOD에서 영화를 판매하기도 하고, 국내시장보다 해외시장에서 먼저 콘텐츠를 유통하는 예도 쉽게 찾아볼 수 있다.

---

4 영상상품 중 영화는 제작의 규모가 크고, '배급 및 마케팅'이라는 배급사의 역할이 명확히 분리되어 있어 배급사에서 이를 주도한다. 반면 방송사나 프로덕션은 제작하는 프로그램이 많고 상대적으로 투자규모가 작아 제작사에서 배급과 유통을 총괄하는 경우가 많다. 그러나 드라마의 규모가 점차 커짐에 따라, 드라마도 영화처럼 제작과 배급의 이원화가 두드러지고 있다.

이를 '윈도 파괴 전략'(Window Breaking Strategy)이라 하는데, 할리우드의 메이저배급사들을 중심으로 이 전략이 활발히 수행되고 있다. 유료방송의 양방향 기술과 과금 기술이 정교해지고 소비자들의 유료시청 의향이 높아지면서, 기존 윈도를 파괴하는 것이 수익확장에 긍정적으로 작용해 윈도전략이 다변화되는 것이다. 국내 영상콘텐츠 사업자들도

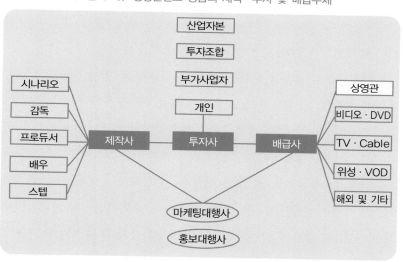

〈그림 8-8〉 영상콘텐츠 상품의 제작 · 투자 및 배급주체

〈그림 8-9〉 영상콘텐츠의 배급윈도

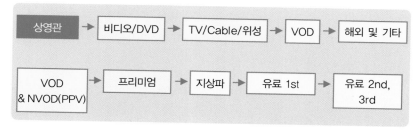

VOD와 극장 윈도의 동시개봉이나 해외시장 동시개봉 등 기존 윈도전략의 변화를 모색하고 있다. 특히 국내 콘텐츠가 한류의 흐름을 창조하고 국경을 넘어 활발히 소비되기 시작하면서 콘텐츠의 해외배급에 대한 중요성이 강조되고 있다.

마케팅 4P 중 유통은 상품의 영역과 가입자 모집 및 관리를 담당하는 '영업'의 영역에서 일어난다. 영상콘텐츠에 익숙한 인력들은 주로 유통이란 단어를 들으면 프로그램 측면의 배급을 떠올릴 것이다. 그러나 마케팅믹스의 유통에서 다루는 영상콘텐츠 상품 유통전략은 상품이 생산되어 소비되는 일련의 과정에 해당되는 영역을 다룬다.

영상콘텐츠 상품을 유통하는 데 있어, 최대한 저렴한 비용으로 높은 가치를 창출할 수 있는 저비용 고가치 유통구조를 수립하는 작업이 가장 중요하다. 이를 좀더 구체적으로 설명한다면 상품이 소비자에게 전달되는 유통 비용은 최소화하고 고객 유치를 위한 비용(SAC: Subscribers Acquisition Cost)을 고객집단별로 차등화하여 설계하는 것이다. 이것이 기본적인 콘텐츠 영상상품 유통을 구조화하는 기본, 즉 1단계라 할 수 있다. 2단계에서는 고객 서비스 강화를 통해 고객의 편의를 추구하고, 3단계에서는 치열한 경쟁 상황이 도래하더라도 고객을 유지할 수 있는 고객유지(Retention) 강화전략을 추진해야 한다(김종하, 2014). 유통 현장에서 각 지역의 본부는 고객을 모집하고 고객 서비스를 수행하는 일을 총괄한다. 이들이 고객과 대면하는 방식은 직접 대면과 간접 대면으로 구분된다.

면대면 방식의 가장 대표적인 방법은 대리점을 설립하여 고객들이 직접 방문하도록 하거나, 영업 사원이 고객을 직접 찾아다니며 영업하는 방식이다. 면대면 유통채널은 광역화 기반하에서는 비용을 감당하기 어려운 고비용전략으로, 비대면 유통채널의 개발이 중요하다. 비면대면 유통채널로는 전단지나 콜센터, 텔레마케팅 방식이 있다. 이와 더불어 최근 스마트미디어 환경이 발전함에 따라 PC뿐만이 아니라 모바일, 집에서 사용 가능한 SOIP, TV 기반의 서비스로 유통채널이 확장되고 있다. 최근에는 설치 및 AS 관련 상담이나 접수, 해피콜 등은 콜센터에서 수행하고, 서비스 수행은 서비스팀이 직접 출동하여 해결하여 업무를 처리하는 등 면대면 방식과 비대면 방식의 유통채널을 혼합하여 체계화하는 유통전략이 개발되고 있다.

4) 프로모션

촉진, 즉 프로모션(Promotion) 전략은 '판매활동을 보다 원활하게 하는 동시에 매출액을 증가시키기 위해 실시하는 모든 마케팅활동'이다. 영상콘텐츠 산업에서 프로모션이 중요한 이유는 공공재적 특성을 지닌 온에어 중심의 영상콘텐츠 상품에서 단일 프로그램 선택방식으로 전환되어 각각의 상품에 대한 프로모션이 필요하기 때문이다. 유통 관련 판촉은 상품에 대한 판촉과 기기에 대한 판촉으로 구분된다. 판촉은 수요를 불러일으키고 이를 자극해 판매를 증진하는 행위로, 영상콘텐츠 상품에 대한 판촉은 상품을 론칭하거나 판매를 활발히 하기 위한 전략의 수립과 수행, 그리고 상품에 대한 할인 정책이나 지원금·보조금정책등을 포함한다. 수신기와 같은 기기 분야에서는 수신기 임대제나 판매제와 같은 전략이 이에 포함된다.

영상콘텐츠 산업에서 가장 많이 실행되는 프로그램 판촉에는 홍보물
(출판물)을 활용하는 프로모션 활동, 행사 및 이벤트 개최, 교육 활동
등이 있으며, 정규 채널에 프로그램에 대한 홍보 내용과 이미지를 제작
·편성하는 온에어 프로모션(On-Air Promotion)이 있다. 온에어 프로
모션은 방송에서 일상적으로 수행되는 판촉 활동의 하나로, 특히 신규
프로그램이나 신규 채널이 론칭되는 경우에는 일상적인 활동보다 더 심
도 있고 집중적인 판촉이 실행된다.

개별 영상콘텐츠 상품의 경우, 영화의 제작발표회나 판촉전략이 TV

〈표 8-6〉 영상콘텐츠 상품의 판매촉진전략 툴

직접적인 혜택 제공	번들링	다른 상품과 번들링하여 상품 제공·판매
	프리미엄	일정 금액 이상 구매하는 경우 보너스 패키지 제공
	제품경험	전시행사 또는 프로모션을 통하여 고객들이 DBS 서비스 또는 프리미엄 서비스를 경험하도록 함
	무료 시청	구매 이전에 시청할 수 있는 기회 제공
	가격 할인	특정 패키지 또는 특정 기간에 한하여 가격 할인 제공
	고객 추천	새로운 가입자를 유치하는 현 가입자에 대하여 인센티브 제공
	지불 방식	가입을 유도하기 위하여 할부와 같은 금융 지원제도 제공
	보상판매	구형 수신기에 대하여 일정부분을 지원하여 새로운 모델로 업그레이드 제공
간접적인 혜택 제공	타 회사와의 제휴	타 로열티/멤버십 서비스와 연동하여 가입자들에게 혜택 제공
	스폰서	기업의 브랜드를 알리기 위하여 축구경기 등의 이벤트 지원
	복권·쿠폰	관심을 높이고 판매를 촉진하기 위해 복권·쿠폰 제도 활용
	기부	브랜드의 홍보를 위하여 판매액의 일정 비율을 기부
	고객 교육	고객의 관심에 맞는 이벤트를 개최하여 가입자들에게 가치를 제공

나 웹을 통해 제공되는 영상콘텐츠 상품에도 적용되고 있다. 홈페이지를 개설하거나, 블로그, 앱 등 가능한 많은 매체를 통해 고객들과의 접점을 최대한 확보하며, 콘텐츠의 스토리를 활용하거나 주요 등장인물을 이용한 판촉(주인공의 이름이나, 프로그램의 배경 맞추기), 방송을 통해 제공되는 경우 채널 번호나 채널 슬로건 등을 맞추는 항목을 삽입하여 콘텐츠 상품과 이벤트를 연결시키는 전략이 주로 활용된다. 계절별 축제 이벤트나 행사장에 고객을 초대하는 이벤트, 또는 여행지나 프로그램과 연관된 의미 있는 장소를 견학할 수 있는 이벤트들이 흔히 수행된다. 이와 더불어 온라인 이벤트는 홍보 SMS나 홈페이지, 인터넷 배너 등 웹이나 모바일을 통해 이루어진다.

유료방송이나 영상콘텐츠를 제공하는 플랫폼의 예는 다양하다. 당사에서 제공하는 채널이나 주요 프로그램을 홍보하는 프로모션 채널을 별도로 운영하기도 하고, 인터넷사이트, 앱, 출판 등에 헤드라인 프로그램이나, 포커스 기사, 홍보문안 등을 통해 새롭게 론칭하는 콘텐츠 및 방송의 채널번호나 주요 프로그램, 론칭 일정 등을 소개하고 하이라이트 프로그램을 제공하는 판촉전략을 사용한다.

고객 한 명을 유지하는 데에는 많은 노력과 비용이 소모된다. 한 명의 고객에게 콘텐츠에 대한 정보를 제공하고 선택을 유도하기 위해서는 적게는 몇 만 원에서 몇 십만 원까지 비용이 소요된다. 하지만 고객이 감동한 서비스는 입소문을 타고 추천을 이끌어낸다. 따라서 유통판매촉진전략 수립 시 빼놓을 수 없는 것이 '사람'을 활용한 전략이다. 이는 흔히 구전(*Word of Mouth*)이라 불리는데, WOM 전략은 기존 고객을 통해 가입자를 소개받는 MGM(*Member Get Member*) 전략과 내부직원들을 통해 가입자를 소개받는 SGM(*Staff Get Member*) 전략으로 구분된다. 이는 개인 간 관계를 통한 가입이기에 유치 비용뿐 아니라 고객의 충성도를 높일 수 있어 경쟁이 치열한 콘텐츠 산업에서 효과적인 전략으로 평가받고 있다. 최근에는 직접적으로 고객을 접촉하는 면대면을 통해 사이버 상에서 고객과의 접촉을 확장하는 전략이 사용되고 있다. 개인 블로그, 페이스북, 트위터, 미투데이 등 온라인과 모바일 영역의 소셜 기능을 통해 관계판촉 전략을 개발하는 것이 매출을 확장시킬 수 있는 가능성을 지닌 전략으로 평가받고 있다.

영상콘텐츠 산업은 통신과 방송, 교육과 정보, 엔터테인먼트가 융합되는 컨버전스 환경 속에서 새로운 제품의 개발에 사활을 걸고 있다. 또한 저가시장과 고가시장으로 양극화되고 있는 가격시장의 분석, 스마트환경에 적합한 유통경로의 창조, 소비자에게 좀더 오래 머물 수 있는 콘텐츠 상품의 라이프사이클 확장을 위한 판촉전략 수립 등 마케팅믹스를 통한 경쟁력 강화가 콘텐츠 기업의 화두가 되고 있다.

4. B2B · B2C 분석

영상콘텐츠 산업은 궁극적으로 소비되는 미디어를 창조해내는 사업이고 콘텐츠 유통은 소비자에게 마지막으로 상품이 배달되는 것까지를 포함한다. 영상콘텐츠의 최종 수요자는 개인이지만 콘텐츠 기업 사이에서도 구매 행위가 발생한다. 따라서 고객이라는 단어에는 개인뿐 아니라 기업도 포함된다. 독자들에게는 개인을 대상으로 하는 B2C가 익숙하겠지만, 콘텐츠 산업에서 B2B의 거래는 매우 중요하며 큰 비중을 차지한다. 따라서 이를 B2C, B2B 마케팅으로 구분하여 고객별 접근전략을 개별적으로 세울 필요가 있다.

B2B와 B2C를 분석해보면, B2B는 산업재를, B2C는 소비재를 다룬다. B2B는 산업재 판매를 통해 산업체, 정부조직, 기관 내의 구매결정자 및 구매영향자의 필요한 욕구를 충족시키려는 활동으로 정의된다. 기업이 고객이 되는 B2B 마케팅의 경우, 고객의 수가 적고 상대적으로 목표 고객이 명확하기 때문에 고객별 접근전략을 개별적으로 세우는 것이 가능하다.

B2C가 다루는 것은 소비재로서, 개인과 가족 단위의 개인소비자와 상품공급체계에서의 소매자와 도매자에 대한 활동이며, 시장이 광범위하고 대다수의 고객을 대상으로 한다. 대부분 우리의 일상생활에서 접하는 것이 B2C 전략이기에, 이 책에서는 B2B 마케팅에 대해 설명하고자 한다.

B2B 마케팅을 수행하는 경우 첫째, 기업 고객에 효과적으로 다가가

<표 8-5> 산업재와 소비재의 비교

구분	산업재	소비재
상품	가변적으로 기술과 품질이 중요	표준화
가격	경쟁입찰 또는 협상	정가제
촉진	인적 판매	광고 중요
유통	직접 유통	중간 유통

기 위해서는 고객 정보를 꼼꼼히 수집하여 고객별 우선순위를 결정해야 한다. 둘째, 과연 얼마만큼의 자원을 투입해야 할지에 대한 정도와 범위를 결정한다. 셋째, 고객과 경쟁사에 대한 밀도 있는 정보를 입수해야 한다. B2B 영역은 명확한 타깃이 존재하는 시장이므로 정보의 정확도가 중요하다. 넷째, 중장기적 시각으로 시장 변화에 대한 추이를 지속적으로 파악하며 대비해야 한다.

B2B 마케팅의 경우 조직이 처한 환경, 조직의 특성, 결정자들의 성향을 분석하여 기업이 채택할 수 있는 전략이 필요하다. 자원이 한정되어 있기에 가능한 확보 가능성이 높은 대상에 많은 자원을 투입하는 것이 옳다. 전략수립 시 고정비가 높으면 장기적인 계약확보가 필요하고, 변동비가 높으면 시장확장이 중요하다. 또한 고객이 상품에 대해 가지고 있는 가치를 명확히 분석할 수 있어야 하며, 조직의 변화나 산업 변화의 흐름이 기업 구매의 흐름을 바꾸는 요인이 되기에 흐름을 놓치지 않는 지속적인 분석과 끈기가 필요하다.

제 9 장
· · ·
글로벌 영상콘텐츠 시장의
특성과 마케팅전략

영상콘텐츠 산업에서 글로벌 시장의 개척은 자국시장의 불리한 환경과 국내시장에 대한 정부의 규제를 극복하는 데 유효하다. 또한 영상콘텐츠 관련 기업들이 높은 경영성과를 나타내고, 연관 및 비연관 산업의 성장에 긍정적 영향을 미치며 향후 창출될 잠재적 성장 가능성 측면에서 높은 평가를 받고 있다.

글로벌 콘텐츠사업자들은 자국 및 자사의 콘텐츠 경쟁력 향상 및 원활한 글로벌 배급을 위해 권역별·국가별 프로그램 견본시장에 참여하며, 각 국가별 시장상황에 적합한 마케팅전략을 개발하고 있다.

1. 글로벌 영상콘텐츠 시장의 이해

영상콘텐츠 상품은 일반 제조업 상품과는 달리 추가적 생산에 소요되는 원가의 비율이 단위별 증가에 따라 감소하는 특성을 지닌다. 따라서 내수시장에서 이미 수익을 창출한 콘텐츠가 해외시장에서 거두어들이는 수익은 부가수익이 되므로, 거래비용과 기타 배급 및 마케팅 비용을 제외한 수준에서 해당 국가에 적용될 수 있는 가격을 자유로이 책정할 수 있다는 장점을 지닌다. 이런 콘텐츠 상품의 특성 때문에 흔히 글로벌라이제이션을 콘텐츠 상품의 숙명이라 한다(김종하, 2014). 그러나 이런 장점에도 불구하고 해외시장에 진출하는 것은 쉬운 일은 아니다. 글로벌 단위의 사업이 시작된 후 단발성 프로젝트가 아닌 고유 업무로 자리잡는 순간부터, 해외사업부문에 대한 조직 및 운용 인력, 지속적 사업전개와 성장에 대한 비전과 전략이 필요하기 때문이다.

그렇다면 글로벌 시장에 진출하는 국내 콘텐츠기업의 해외 진출동기와 특성에 대해 알아보도록 하자. 글로벌사업의 가장 기본적인 목표는 매출확장, 즉 수익향상에 있다. 국내 콘텐츠마켓의 성장에 따라, 국내 콘텐츠 간 경쟁뿐 아니라 해외 콘텐츠와의 경쟁도 매우 치열하다. 더구나 해외기업들이 국내에 진출하면서 국내시장은 무한경쟁의 상황에 놓여 있다. 그럼에도 불구하고 글로벌시장 개척은 자국시장의 불리한 환경을 극복하고 국내시장에 대한 정부의 규제를 극복하는 데 유효하다. 특히 국가 간 FTA에 미디어·콘텐츠시장의 전면개방이 주요의제가 되고, 실제 시장개방이 이루어지면서 글로벌시장 진출전략에 대한 중요

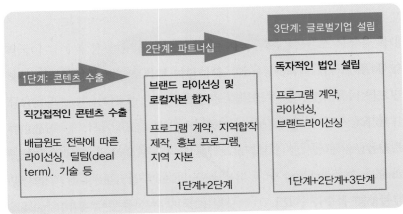

〈그림 9-1〉 글로벌라이제이션 단계별 전략

성이 강조되고 있다.

글로벌 시장진출은 진입유형과 방식에 따라 현지 사업자를 통해 단 발적으로 콘텐츠를 제공하는 간접적인 진입방식과, 법인설립이나 라이 선싱계약, 총괄협력계약, R&D계약, 공동마케팅계약 등을 통한 직접 진입방식, 로컬 사업자와의 협력이나 투자를 통한 지분합자방식으로 나눌 수 있다. 그리고 글로벌 진출을 위해서는 〈그림 9-1〉과 같이 각각 의 단계별 전략이 필요하다.

글로벌 시장은 즉시적으로 거둘 수 있는 수익측면도 중요하지만, 향 후 창출될 잠재적 성장 가능성 측면에서 더 높은 평가를 받는 시장이기 에 글로벌시장 진출에 대한 단계별 전략을 숙지하는 것이 중요하다. 글 로벌화의 1단계 전략은 추가 비용이 적고 위험도가 낮은 수출전략이다. 프로그램을 제작하여 국내에서 이미 방영해 기본 제작비를 모두 회수하 였다면, 얼마에 수출하건 수출에 소요되는 자막이나 더빙 비용, 국가별로 기술 표준에 따른 기술전환비용(NTSC나 PAL 방식, SD나 HD로 전환하는 비용 등), 테이프 비용, 홍보비용 등만 해소된다면 별다른 어려움 없이 해외에 프로그램을 수출할 수 있다. 수십억 원의 제작비가 들었더라도 단돈 몇백만 원, 혹은 몇천만 원에 프로그램을 공급한들 밑질 것이 없다.

글로벌화의 2단계 전략은 현지 사업자를 통해 해당 국가에 진출하는 전략이다. 현지 에이전트에게 배급권한을 주는 계약을 체결하면, 현지 사업자는 주어진 기간 동안 파트너를 대신하여 프로그램을 판매하거나 홍보 및 영업 활동을 수행한다. 현지 사정을 잘 알고 네트워크를 잘 구축한 사업자를 선택하면 적은 비용으로 현지에 진입하여 뿌리를 내릴 수 있는 좋은 발판이 된다. 현지 사업자와 협업하는 예로서 프로그램 제작 및 투자를 들 수 있다. 즉, 현지 수용자들의 취향과 문화적 특성에 적합한 프로그램에 직접 투자하는 것이다. 이때 위험 부담을 줄이고 현지 제작의 원활한 진행과 배급을 위해 보통 공동투자의 형태로 사업을 진행한다.

1단계와 2단계를 거쳐 현지국에 대한 지식과 경험 등의 노하우가 축적되면 본격적으로 거대 자본의 투자를 검토하게 된다. 글로벌화의 3단계 전략은 자본투자 유형으로, 해외사업자가 자사의 자본을 투자하여 독자적인 독립법인을 설립하는 것이다. 지금까지 국내에서는 해외사업자가 100% 자사의 자본을 통해 방송사를 설립하는 것이 금지되어 있었기 때문에 자본합자의 형태로 투자가 진행되었다. 예를 들어, 해외사업자들은 국내 케이블이나 위성플랫폼이나 SO, PP에 자본을 투자하였으며, 미국의 칼라일그룹이나 J. P. 모건 등이 케이블과 위성방송에 투자했던 사례를 예로 들 수 있다. 그러나 2015년부터 한·미 FTA 전면발효를 통해 미디어산업 분야에서도 해외사업자들의 100% 자본 투자가 가능해졌으므로, 향후 100% 해외자본 미디어기업들의 진입과 성장에 대한 분석 및 성과에 대한 평가가 필요할 것이다.

2. 영상콘텐츠 상품의 글로벌 유통

글로벌 영상콘텐츠 유통시장은 문화·언어·지역·인종·종교 등에 의해 분절되어 있고, 이질적 집단 간의 장벽이 존재한다. 문화 상품에는 일반적으로 특정 문화를 배경으로 창출되었다는 점에서 '문화적 할인율'이 작용한다. 물론 기술적인 요인이나 방송 체제와 같은 법적, 제도적 요인에 의해서도 진입장벽이 존재한다. 방송 영상콘텐츠 등 문화적 상품의 국제유통에서도 글로벌화의 바람 속에 문화적인 뿌리와 언어, 인종, 지리, 종교 등 유사성에 의거한 문화블록이 형성되어 있다. 따라서 국제마켓에서는 문화적 할인율이 낮은 프로그램을 선호하는데, 그 대표적인 장르가 영화, 드라마, 애니메이션, 다큐멘터리 등이며, 국가로는 미국 할리우드를 중심으로 한 미국산 드라마, 영화 등이 세계 콘텐츠시장을 장악하고 있다.

그러나 전 세계적으로 영상콘텐츠 업계의 불황이 장기화되고 프로그램 제작 환경이 악화됨에 따라 새로운 형태의 콘텐츠 상품이 개발되고 있다. 대표적인 예가 '콘텐츠 포맷'으로서, 이미 시청자들에게 검증받은 프로그램의 포맷을 이용하여, 자국 시청자들에 맞게 현지화한 프로그램을 제작할 경우 프로그램의 성공 가능성을 높일 수 있다.

2013년 밉(MIP) 포맷에서는 KBS 〈불후의 명곡〉, MBC 〈나는 가수다〉, SBS 〈런닝맨〉, CJ tvN 〈슈퍼디바〉 등이 소개되었고, 최다 요청 프로그램 10위(*Top 10 of the most requested programmes*) 중 KBS 〈안녕하세요〉가 8위, MBC 〈무한도전〉이 10위를 기록하는 등 엔터테인

<표 9-1> 탑 10 포맷(MIP FORMAT 2013)

순위	기업명	국가	프로그램명
1	GIL Productions Ltd	이스라엘	Are You For Real?
2	TV Asahi Corporation	일본	Be A Legend
3	Tricon Films and Television	캐나다	Hit Record On TV!
4	Sharebox	벨기에	1001 Citizens
5	NHK Enterprises Inc	일본	Back To School!
6	GIL Productions Ltd	이스라엘	While You Were Getting Married
7	Veralia	스페인	Follow Back
8	CJSC CTC Network	러시아	Battle Of Outfits
9	Rai Trade	이태리	High Heels!
10	ZDF Enterprises GMBH	독일	Dalli Dalli
10	Pausoka	스페인	Do You Know Me?

자료: 〈MIPTV Post-Show Report〉(2014. 5. 9)

먼트 장르에서 국내 포맷의 글로벌 유통의 가능성이 높아지고 있다.

중국 화이브라더스는 국내에서 인기리에 방영중인 〈아빠 어디가〉와 〈슈퍼맨이 돌아왔다〉 포맷 수입을 통해 성공리에 방송 영상콘텐츠를 제공하고 있고, 중국 화이브라더스 시네마가 배급한 극장용 중국판 '아빠 어디가'는 개봉 첫날 9천만 위안(약 161억 370만 원)의 수익을 올리는 인기를 얻었다. 이지홍·김민희(2014)는 2008년부터 2012년까지 상장 기업의 경영성과와 콘텐츠 기업의 경영성과 비교를 통해 성장성과 수익성을 비교하였는데, 콘텐츠 기업들이 다른 상장기업들보다 높은 성장성과 수익성을 보인 것으로 나타났다. 특히 음악 및 방송콘텐츠 관련 기업들의 경우, 콘텐츠 기업들 중에서도 특히 더 높은 성과를 창출한 것으로 분석되었다.

한류가 이처럼 높은 관심을 받는 이유는 콘텐츠 상품을 통한 직접적

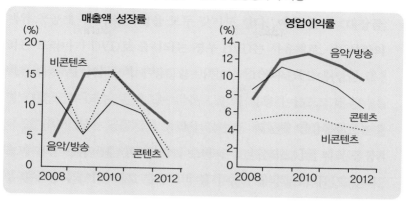

〈그림 9-2〉 콘텐츠기업의 성장성과 수익성

〈LG Business Insight 2014〉, 10쪽 재인용

인 수익창출 외에도 연관 산업에 대한 파급효과가 크기 때문이다. 한국
은행의 데이터(2014)에 따르면 1990년부터 적자를 기록하던 개인의 문
화오락서비스 수지는 본격적인 한류가 확대된 2010년 이후 적자폭이
감소되었으며, 2012년과 2013년에는 2년 연속 흑자를 기록한 것을 알
수 있다(〈그림 9-2〉 참조).1

이지홍·김민희(2014)는 10년 동안 구글에서 검색이 이루어진 123
명(팀)의 가수와 2000년 이후 방송된 드라마 중 구글에서 검색량을 가
진 드라마 274편에 대한 구글검색 트래픽 분석을 통해, 한류 관심도 추
이와 해당국가에서 한국을 방문한 관광객 규모 사이의 높은 상관관계를
증명하였다. 한국 영상콘텐츠의 파급력은 관광뿐 아니라 국내생산제품

---

1 문화체육관광부의 자료에서도 영상콘텐츠의 파급효과가 보고되었는데, 해외 한류의
조사(2012년) 결과 한류 콘텐츠를 경험한 사람 가운데 '한국에 가고 싶다'라고 긍정적
으로 회답한 응답자는 58. 1%에 이르는 것으로 나타났다.

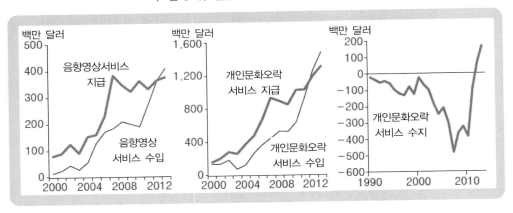

〈그림 9-3〉 한류관련 국제수지 변화

한국은행(2014) 발표내용을 〈LG Business Insight 2014〉 13쪽에서 재인용

의 수출에서도 나타난다. 한국수출입은행이 화장품, 의류제품, 식품, 음료품, 전자제품, 자동차 등 주요 소비재 12개 품목을 선정해 나라별로 '한류'라는 키워드 검색량(2012년도)을 조사한 결과에 따르면, 문화관련 상품의 수출이 100달러 증가한 경우 소비재 수출은 평균 412 달러, IT제품은 평균 395달러의 수출증가 효과가 있으며, 특히 한류가 침투한 시장일수록 수출이 증가했다고 분석했다.

3. 글로벌 콘텐츠 견본시장의 이해

글로벌 단위의 콘텐츠유통을 원활히 하기 위해 콘텐츠 산업에는 콘텐츠 견본시장이 존재한다. 콘텐츠 견본시장이란, 특정 장르에 국한하지 않고 모든 영상물을 한자리에 모아 구매 또는 판매하며 자사의 작품 또는 이미지를 홍보하는 전시장소를 의미한다. 지역과 장르로 차별화된 다양한 견본시장이 존재하는데, 전 세계 견본시장 중 가장 많은 사업자와 구매자들이 참여하는 견본시는 프랑스 칸에서 개최하는 MIPTV와 MIPCOM이다. 주최는 리드미뎀(ReedMIDEM)사이며 매년 봄에 MIPTV가, 가을에는 MIPCOM이 개최된다. 견본시 전에 어린이를 대상으로 한 JUNIOR 견본시 및 다큐멘터리 견본시인 MIPDOC, 포맷 견본시인 MIPFORMAT 2 등을 통해 더 많은 사업자들이 참여하도록 독려하고 있다. 프랑스의 작은 마을이던 칸은 영상콘텐츠의 도시로 탈바꿈하여, 시즌마다 1만 명이 넘는 사업자들이 전 세계에서 몰려든다. MIP은 방송 및 뉴미디어 콘텐츠 등 대표적인 영상상품 콘텐츠 마켓으로 TV프로듀서, 배급자, 캐릭터 사업자 등이 참여한다.

글로벌 콘텐츠 사업자들은 자국 및 자사의 콘텐츠 경쟁력 향상 및 원활한 글로벌 배급을 위해 권역별·국가별로 다양한 프로그램 견본시장을 개최하고 있다. 주요 콘텐츠 견본시장은 〈표 9-3〉과 같다.

---

2 2014년 MIPFORMAT에는 55개국, 총 831명(360명 바이어) 참가, 488개 회사가 참가하여, 143개 프로그램을 등록하였으며 스크리닝 수 1,674를 기록했다.

<표 9-2> 2014 MIPTV 규모

	참가업체(개)	참가국가(개 국)	등록참가자(명)	바이어(명)
2014년	4,134	100	11,138	4,091
2013년	4,269	101	11,247	3,458
2012년	3,893	101	10,936	3,950

자료: 2014년 4월 MIPTV 결과보고(http://www.my-mip.com 참조)

<표 9-3> 영상콘텐츠 관련 주요 콘텐츠 견본시장

명칭	시기 및 장소	행사규모	비고
NATPE (National Association of Television Program Executives)	5월 미국 라스베이거스	120개국 2,600사 18,000명 내외	미국의 국내 마켓으로 설립되어 국제 마켓으로 확대
MIP-TV	4월 프랑스 칸	100개국 2,000사 20,000명 내외	세계 최대 규모의 국제 마켓
FILMART	6월 홍콩	40개국 80사 500명 내외	홍콩무역발전국이 1998년부터 개최
SCTVF	9월 중국 사천	34개국 400사 3,000명 내외	STVF와 격년 개최되다가 2004년부터 매년 개최 (1991년부터 개최)
STVF (Shanghai Television Festival)	10월 중국 상해	상동	SCTVF와 격년 개최되다가 1993년부터 매년 개최
MIP-COM	10월 프랑스 칸	100개국 2,000사 20,000 명 내외	세계 최대 규모의 국제 마켓 (1986년부터 개최)
BCWW	11월 한국 서울	25개국 150사 3,000명 내외	2001년부터 국내에서 개최된 국제 마켓 (1회: 부산, 2회: 서울, 3회: 제주, 4회: 서울)

<표 9-4> 신흥시장의 콘텐츠 견본시장

지역	행사명	개최시기	장소
동유럽	World Content Market	4.28~30	러시아, 모스크바
	Moscow Teleshow	3.11~13	러시아, 모스크바
독립국가연합	NATPE Europe	6.23~26	체코, 프라하
	World Content Market	6.18~20	우크라이나, 오데사
중동·아프리카	Big Entertainment Show	10.27~28	아랍에미리트, 두바이
	DISCOP Africa	11.5~7	아프리카, 요하네스버그
중남미	Rio Content Market	2.25~27	브라질
	Jornadas Internacionales	9.24~26	아르헨티나

콘텐츠 견본시장의 장점을 살펴보면, 첫째, 콘텐츠 견본시장은 한 번에 많은 국가의 수많은 콘텐츠를 접할 수 있기에 사업자와 구매자 양측에 경제적 효율성이 발생한다. 둘째, 콘텐츠들이 한자리에 모여 있으므로 단시간에 상대적인 비교가 가능하여, 구매결정을 신속히 내릴 수 있다. 셋째, 여러 국가의 사업자들이 한자리에 모여 있기 때문에 큰 비용을 들이지 않고 홍보효과를 낼 수 있으며, 넷째, 콘텐츠에 대한 감각을 익힐 수 있고, 세계 영상물의 흐름과 동향을 파악할 수 있다. 이러한 긍정적 측면 때문에 견본시장은 급격한 성장을 거듭하고 있다.

콘텐츠 견본시장은 콘텐츠 산업이 일찍이 발달한 미국과 유럽을 중심으로 운영되고 있다. 콘텐츠는 문화를 반영하는 상품이기에 문화가 강한 국가들이 주도해왔다. 그러나 최근 들어 아시아 국가들의 콘텐츠 견본시장이 성장하고 있으며, 상대적으로 비주류에 속했던 동유럽이나 중동·아프리카 지역의 견본시도 점차 성장하고 그 규모가 확대되고 있다. 국내사업자들도 한국 방송콘텐츠가 우즈베키스탄, 카자흐스탄, 러

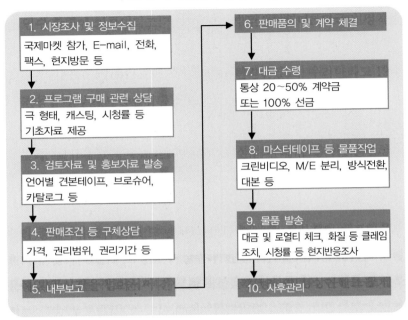

〈그림 9-4〉 콘텐츠 수출 업무흐름도

1. 시장조사 및 정보수집 국제마켓 참가, E-mail, 전화, 팩스, 현지방문 등	**6. 판매품의 및 계약 체결**
2. 프로그램 구매 관련 상담 극 형태, 캐스팅, 시청률 등 기초자료 제공	**7. 대금 수령** 통상 20~50% 계약금 또는 100% 선금
3. 검토자료 및 홍보자료 발송 언어별 견본테이프, 브로슈어, 카탈로그 등	**8. 마스터테이프 등 물품작업** 크린비디오, M/E 분리, 방식전환, 대본 등
4. 판매조건 등 구체상담 가격, 권리범위, 권리기간 등	**9. 물품 발송** 대금 및 로열티 체크, 화질 등 클레임 조치, 시청률 등 현지반응조사
5. 내부보고	**10. 사후관리**

시아 및 중동, 아프리카 지역에서 인기를 끌면서 참여 견본시장의 확대
를 모색하고 있다. 3

국내시장의 경쟁이 악화되고 성장이 저하되며 글로벌 시장은 콘텐츠
사업자들에게 매우 중요한 기회가 된다. 시장을 개척하고 마케팅을 강
화하기 위해서 우선 실시하는 것이 문화권역에 따른 시장의 개발이다.

---

3 저개발 국가를 대상으로 한 영상물의 초기진출의 예를 들면, 해당 문화권역과 시대적
  배경에 적합한 콘텐츠들이 초기 인기를 얻게 된다. 태국에서 MBC의 〈호텔리어〉,
  〈이브의 모든 것〉, KBS의 〈겨울연가〉, 〈가을동화〉 등의 드라마가 연간 80만 달러
  에 이르는 매출을 올렸다.

콘텐츠는 문화를 기반으로 하기 때문에 유사한 문화적 역사와 정서를 공유하는 콘텐츠에 대한 선호와 소비가 우세하다. 따라서 문화권역별로 콘텐츠시장의 저변을 확장하는 전략이 주요하다. 콘텐츠 수출을 용이하게 하는 것이 세계 주요 콘텐츠 견본시장에 참여하는 것인데, 콘텐츠 견본시장의 참가는 프로그램의 수출뿐 아니라, 사업자 간 유대형성 및 강화를 통한 연대 마케팅을 가능하게 한다. 〈그림 9-4〉는 콘텐츠 수출을 위한 조직 내 업무흐름이다.

콘텐츠 견본시장을 통한 수입·수출을 활성화하기 위해서는 구매창구의 다변화로 콘텐츠 저작권 계약을 통해 제작사나 방송사뿐만 아니라 다양한 프로그램 유통전문 업체가 프로그램 구매를 할 수 있도록 하는 것이 유리하다. 그러나 지나친 구매선의 다변화는 과당경쟁을 초래하여 프로그램 가격상승의 요인이 된다.4 콘텐츠는 문화를 기반으로 하는 상품이기에 문화권역별로 차별화된 접근 전략을 수행해야 한다. 이를 바탕으로 지역별·장르별로 개최되는 견본시장의 특성을 파악하고 그에 따라 전략적으로 콘텐츠를 배급해야 한다.

---

4 메이저 배급사나 방송사에 의존하던 기존의 구매방식을 다양화하는 동시에, 거래방식에서 수익만을 생각하는 사업자들의 인식변화가 필요하다.

4. 글로벌 영상콘텐츠 마케팅전략

글로벌 영상콘텐츠 마케팅은 '글로벌 고객의 욕구를 충족시키기 위하여 수행되는 국경초월적인 영상콘텐츠의 교환활동'으로, '기업이 통제하기 어려운 국내 및 글로벌 환경 속에서 영상콘텐츠 상품, 가격, 유통, 촉진 등의 통제가능한 마케팅요소들을 활용하여 이윤을 추구하는 활동'으로 정의된다. 5

글로벌 단위의 영상콘텐츠 마케팅을 위해서는 첫 번째로 자사의 영상콘텐츠가 글로벌 콘텐츠시장에서 기회를 얻을 수 있는지에 대한 분석이 필요하다. 한국과 홍콩 등 비교적 서구의 영향을 많이 받은 나라들은 해외프로그램 구매 시 문화적 유사성을 거의 고려하지 않고 미국프로그램을 선호하나, 중국, 베트남과 싱가포르 같은 시장에서는 문화적 유사성이 구매 결정의 중요한 요인이 된다. 두 번째로 글로벌 시장에서 자사의 성장전략과 진입방식을 결정하는 것이 중요하다. 이런 전략에 따라 글로벌 진출방식이 결정된다. 6 글로벌 진출방식이 결정되면 세 번째로 국가별 마케팅전략이 수립된다. 진출 시장에 대한 세분화에 따라 자사의 영상콘텐츠 상품에 적합한 목표시장을 확정하게 된다. 이어 해당 목표고객에게 콘텐츠 상품을 포지셔닝하고, 구매 결정요인에 따라 탄력적인 가격정책을 수립하며 유통과 판매촉진 전략을 세운다.

---

5 글로벌 마케팅의 기본정의를 인용하였다.
6 제9장의 1절 '글로벌 영상콘텐츠 시장의 이해' 참조.

〈표 9-5〉 글로벌 영상콘텐츠 마케팅을 구성하는 주요개념

구분	내용	특징
고객	영상콘텐츠 상품이나 서비스를 최종적으로 소비하는 전 세계의 소비자	개인, 기업, 국가, 기관 (비영리 단체 포함)
욕구	영상콘텐츠 상품이나 서비스를 취득하기 원하는 잠재적 또는 실제적 고객의 심리상태	
충족	글로벌 고객이 원하는 영상콘텐츠 상품이나 서비스를 통해 느끼는 심리적 만족감	
교환	영상콘텐츠 상품이나 서비스를 글로벌 고객에게 판매하고 이에 상응하는 제품, 서비스, 화폐를 취득하는 활동	국경을 초월한 교환활동

〈그림 9-5〉 글로벌 마케팅계획의 수립과정

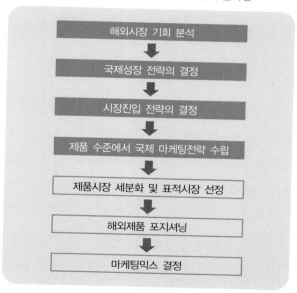

해외시장 기회 분석

국제성장 전략의 결정

시장진입 전략의 결정

제품 수준에서 국제 마케팅전략 수립

제품시장 세분화 및 표적시장 선정

해외제품 포지셔닝

마케팅믹스 결정

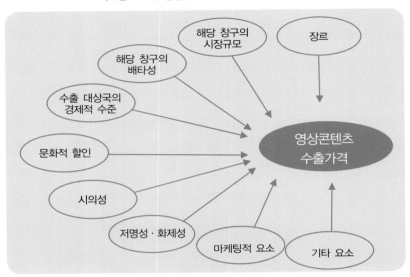

가격전략의 경우, 특정 시장에 맞는 유동적이고 장기적인 가격 정책이 요구된다. 우선적으로 글로벌 단위에서 콘텐츠 상품의 교환이 이루어지기 위해서는 구조적 조건(*Structural conditions*)과 촉매요인(*Catalytic Action*)이 필요하다(Schement et al., 1984, 171~179쪽). 구조적 조건은 수입대상국에 프로그램을 시청할 의향이 있거나 시청가능한 수용자가 존재하는가 여부와 미디어 인프라가 구축되어 있는지의 여부, 수입 프로그램에 대한 시청률과 그에 대한 수익성 정도, 수입 프로그램에 대한 법·제도의 장벽 정도를 의미한다. 촉매요인은 프로그램 교류에 대한 정책당국자나 방송전문가들의 인식과 결정, 실질적 교류를 가능하게 하는 자원(자본, 인력, 기술적 역량), 교류될 수 있는 프로그램의 양을 일컫는다.

이러한 조건이 충족되어 프로그램이 수출되는 경우, 프로그램의 가격은 구체적으로 〈그림 9-6〉의 9가지 요인들에 의해서 결정된다(한국방송개발원, 1997, 18~30쪽).

첫째, 프로그램 장르에 따라 수출가격에 차이가 있는데, 보편적으로 드라마나 영화 등 상업성이 강한 오락프로그램이 높은 가격으로 수출된다. 예를 들어 우리나라 드라마의 경우, 편당 5만 달러에서 10만 달러를 받으나, 다큐멘터리나 교양 프로그램의 경우에는 편당 1만 달러 내외를 받는다. 둘째, 해당 창구의 시장규모 요인이란 해당 매체가 전달지역 안에서 어느 정도의 전달력을 가지는가를 의미하는 것이다. 예를 들어 일본의 경우 지상파TV가 케이블TV에 비해 시청인구가 훨씬 많기 때문에 케이블보다 지상파TV에 더 높은 가격으로 수출된다. 셋째, 해당 창구의 배타성 정도는 방송 프로그램을 전달하는 수단이 얼마나 배타성을 가지고 있는가를 의미한다. 예를 들어 영화관은 케이블TV보다 배타성이 높아 프로그램 시청비용이 높게 책정된다. 넷째, 수출 대상 국가의 경제적 수준에 따라 프로그램의 수출가격이 달리 책정된다. 때문에 드라마 〈대장금〉이 수출되는 가격은 국가에 따라 다르다. 다섯째, 문화적 할인이란 프로그램에서 표현되는 문화적 특성으로 인해서 보편적 수용이 힘들 경우 프로그램의 가격이 하락하는 경우를 의미한다. 여섯째, 시의성은 프로그램이 시간적 적합성을 얼마나 잘 반영하는가를 의미하는 것으로, 시의성이 높은 프로그램일수록 높은 가격을 받는 경향이 있다. 일곱째, 저명성·화제성이라 함은 프로그램에 출연하는 출연자나 소재의 내용이 얼마나 저명하고 화제성이 있는가를 의미하는 것으로, 저명할수록 높은 가격을 받는다. 여덟째, 마케팅적 요소는 프로그램의 가격에 영향을 미칠 수 있는 유통전략, 유통 구조, 유통 정책 모두를 의미한다. 예를 들어 미국 영화의 경우 전 세계에 배급망을 가지고 있는 배급사에 의해서 배포되기 때문에 다른 국가의 영화에 비해 높은 가격에 수출되는 경향이 있다. 마지막으로 기타 요소란 프로그램에 사용된 언어, 수출되는 매체의 성격, 프로그램 권리 기간, 방영횟수, 마케터의 능력 등을 의미하는 것으로 이러한 요소에 의해서도 프로그램 가격이 영향을 받는다.

이와 같이 영상콘텐츠의 수출가격은 다양한 요인에 의해서 영향을 받으므로 영상콘텐츠 상품을 공급하는 사업자와 해당 국가의 정부 및 관계기관과 끊임없이 교류를 유지하고 관계를 증진해야 한다. 글로벌 시장에서 콘텐츠 상품의 고유한 브랜드 가치가 형성되기 위해서는 오랜 홍보와 질적 수준의 입증을 통한 상호 간 신뢰가 필요하다. 7

1) 넷플릭스 전략

인터넷은 콘텐츠시장에 거대한 변화를 가져왔는데, 인터넷을 기반으로 콘텐츠업계에 파란을 일으키며 기존 1등 사업자의 진입장벽을 넘어 최고 사업자로 등극한 예가 존재한다. 기존의 미디어기업들은 인터넷을 자원이며 도구로 생각했다. 8 그러나 인터넷을 무기로 한 새로운 서

---

7 싱가포르, 베트남, 말레이시아 등에서는 구매 시 시청률 요소를 거의 고려하지 않으며, 그 대신 배우의 인지도를 흥행의 절대적 요인으로 삼고 있다. 드라마 〈올인〉의 경우 이병헌과 송혜교 등 유명배우의 인지도로 인해 평균 드라마 판매가보다 300% 상승한 가격으로 거래되기도 했다.

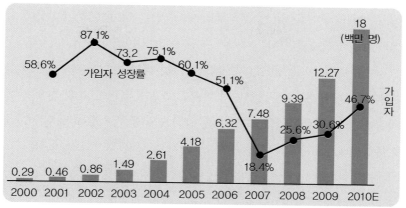

〈그림 9-7〉 넷플릭스 가입자 수 및 가입자 증가율 추이

김종하(2014)에서 재인용.

비스들은 기존 콘텐츠사업자들의 강력한 경쟁자로 등장하며 시장을 침
투하기 시작했다.

넷플릭스의 마케팅전략은 ① 강력한 콘텐츠 라이브러리, ② 저렴한
요금제(7.99달러), ③ 개인화된 콘텐츠 추천경로, ④ 다운로드 디바이

---

8 기존의 미디어기업들은 인터넷을 자원이며 도구로 생각했다. 구글이 등장했을 때도,
구글의 검색기능은 기존 사업의 훌륭한 도구가 될 것으로 보았다. 디즈니의 로버트
아이거(Rober Iger)는 구글이 자신의 광고수익의 경쟁자가 될 것이라고 생각지 않았
고, 20세기 폭스의 머독(Rupert Murdoch)도 인터넷이 자사의 기존 라이브러리의
지원군이 될 것이라는 낙관론을 펼쳤다. 아이거는 디즈니 시가총액의 몇 배인 구글의
출현에도 "구글이 우리 광고를 떼어가는 것은 걱정되지 않습니다. 우리에겐 우리를
고객과 연결시켜주는 구글의 검색능력이 더 중요"하고, 머독 또한 "우리가 보기엔 인
터넷은 우리의 기회, 그리고 스포츠, 엔터테인먼트, 뉴스에 거대한 자원을 가지고 있
는 거대 미디어 기업의 기회를 넓히고 있습니다. 단지 더 많은 기회가 생기는 겁니다"
라는 인터뷰로 시장을 안심시켰다.

스의 확대9를 들 수 있다. 그리고 이런 마케팅전략은 글로벌시장 진출에도 적용된다. 넷플릭스의 첫 해외진출시장은 캐나다로서, 미국과 인접하고 문화적 동질성이 높다는 장점에서 결정되었다. 2010년 9월, 미국 내 서비스와 동일한 월 7.99캐나다달러(미화 약 7.8달러)의 요금을 적용하여 서비스를 출시했고,10 이어 브라질을 시작으로 43개 라틴아메리카 국가에 진출했다.11 가격은 각국의 문화콘텐츠 상품가격을 고려하였는데, 브라질의 경우 월 14.99브라질달러(미화 약 9.35달러)로 책정되었다. 이용 단말은 PC, 맥, 인터넷 접속 TV, 게임 콘솔(PS2, PS3, Wii 포함) 등 자사의 마케팅전략에 따라 최대한 확대했다. 넷플릭스와 같은 OTT 서비스가 해외시장에 진출하기 위해서는 기존 마케팅전략 외에도 브로드밴드 인터넷 보급률, 저작권을 확보에 있어 국내사업자와의 경쟁상황12에 대한 추가적인 고려가 필요하다.

라이브러리 중심의 영화 다운로드 서비스를 제공하는 넷플릭스는 매

---

9 넷플릭스의 콘텐츠 다운로드는 PC에서 이루어진다는 고정관념을 깨고, 새로운 혁신적 기술을 도입했다. 모바일, 패드, 태블릿 PC, 닌텐도, X박스, 셋톱박스 등 100여 개가 넘는 디바이스를 통해 자사의 서비스가 제공되도록 했다(김종하, 2014).

10 넷플릭스는 서비스 1년 만에 유료가입자 100만 명을 돌파하는 실적을 거두었다.

11 넷플릭스는 영어 외에 네덜란드어, 프랑스어, 독일어, 이태리어, 일본어, 한국어, 포르투갈어(브라질 및 유럽 대상), 스페인어(라틴아메리카 및 유럽 대상) 능통자를 뽑는 구인광고를 내는 등, 적극적인 글로벌 시장 진출을 모색하고 있다.
   참고 기사: "Netflix beefing up service center in preparation for global launch" (*Engadget*, 2011. 3. 31.), "Netflix to hit Spain and Britain in early 2012, also exploring other countries"(*Los Angeles Times*, 2011. 8. 17.).

12 진출대상국의 다른 배급사와의 배타적 계약에 묶여 있는 경우, 콘텐츠를 제공하는 것이 불가능하다.

년 35% 이상 매출성장, 8년간 평균 59%의 순이익 증가라는 기적적인 기록을 세웠다. 그리고 2010년에는 급기야 미국 미디어시장의 절대강 자인 케이블가입자보다도 많은 가입자를 모으는 데 성공하고, 2014년 현재 4천만 명이 넘는 가입자를 보유하고 있다.

인터넷이 기존 미디어 기업의 자원이었다기보다는 경쟁 그 자체였 다. 인터넷 기반의 서비스를 경쟁자로 평가하지 않던 기존 미디어 사업 자들은 신규 진입자의 무서운 성장에 놀라게 되었다. 미국의 간판 방송 사인 NBC 유니버설과 폭스는 넷플릭스를 의식하여, 새로이 사업을 정 비하고 콘텐츠 다운로드 서비스 훌루(Hulu)를 서비스하기 시작하였 다.13

새로운 기술이 새로운 진입자들을 끌어들여 시장을 지배하는 패러다 임의 전환을 읽어내지 못한다면 아무리 강력한 서비스, 아무리 거대했 던 사업자라도 곧 잊히고 과거의 역사로 남게 된다는 것이 콘텐츠산업 의 무서운 현실이다.

2) 디즈니의 마블 마케팅전략

디즈니사의 마블 인수는 글로벌 콘텐츠시장에서 매우 '획기적인 사건'이 었다.14 디즈니는 전통적으로 가족오락을 지향하며, 유·아동 고객층

---

13 훌루 홈페이지 참고(http://www.hulu.com).
14 디즈니사는 2009년 〈엑스맨〉, 〈스파이더맨〉 등으로 유명한 마블 엔터테인먼트 (Marvel Entertainment)를 약 40억 달러(약 5조 원)에 인수했다. 해당 인수를 통해 디즈니사는 5천 종이 넘는 마블 캐릭터들의 사용권리 및 마블 코믹스 캐릭터를 통해

〈그림 9-8〉 디즈니와 마블사의 인수합병

에서 높은 충성도를 보유하고 있었다. 그러나 〈아이언맨〉, 〈스파이더
맨〉, 〈X맨〉, 〈캡틴 아메리카〉, 〈판타스틱 포〉, 〈토르〉 등 마블사의
콘텐츠는 청소년 및 성인층을 대상으로 하기에, 주 고객층의 확대차원
에서 시너지가 기대되었다. 그러나 동시에 디즈니사가 강하게 구축해왔
던 가족 대상의 오락 이미지를 훼손할 수도 있다는 우려도 존재했다.

디즈니사는 마블의 콘텐츠에 대해 시장별 규제사항, 사회적·문화적
차이, 국가별 구매결정요인을 분석하여 기존의 디즈니 다른 마케팅전
략을 수행하였다.

〈아이언맨 3〉 개봉 당시(2013. 4. 25.) 유행과 트렌드에 민감한 20~
30대가 극장관객의 주류를 차지하는 시장특성을 고려하여, 한국시장을
전 세계의 최초 개봉국가로 선정하였다.[15] 특히 마블사의 콘텐츠에 대

개발될 영화와 게임에 대한 권리를 확보했다.

15 디즈니 코리아는 "각국의 관객의 특성과 정서에 맞는 '흥행에 가장 적합한 시점' 선정"
을 통해 한국시장의 개봉시기를 결정했다며, "한국은 유행과 트렌드에 민감한 20~
30대 젊은 관객이 주축이다. 유행에 민감한 만큼 영화도 빨리 접하고 싶어 하는 심리
가 있다"고 발표했다.

해서는 디즈니의 로고나 기업명을 숨기고 마블 고유의 로고 및 콘텐츠 상품을 활용하였는데, 롯데시네마, CGV와 예매관객을 대상으로 〈아이언맨〉 영화 속에 등장하는 동일한 캐릭터상품을 제공하는 홍보촉진 전략을 수행하였다.

캐릭터상품과 더불어 〈아이언맨 3〉에 사용된 마케팅전략으로 '버즈 마케팅'을 들 수 있다. 버즈 마케팅은 소비자들이 자발적으로 상품 및 서비스에 대해 긍정적인 소문을 내도록 하는 마케팅으로, 온라인 이용률이 높은 젊은 층은 블로그나 커뮤니티 등을 통해 자신이 좋아하는 콘텐츠에 대한 정보를 공유하게 된다. 16

세계의 콘텐츠시장은 인터넷을 통해 콘텐츠를 유통함으로써 최신 콘텐츠 위주의 판매에서 라이브러리 상품이 꾸준히 판매되고 재조명받는 롱테일경제(Long-Tail Economy)를 창조했다. 이를 통해 생산·유통·마케팅 과정이 간소화되고 비용도 획기적으로 감소하게 되었다. '시장은 언제나 마케팅보다 빨리 변하기에', 17 마케팅은 항상 진행형일 수밖에 없다. 새로운 매체와 유통경로의 확대는 글로벌 콘텐츠마케팅의 성장기회가 되고 있다. 디지털매체를 활용한 유통의 활성화를 통해 지속적인 새로운 마케팅전략이 개발될 것으로 기대된다.

---

16 〈아이언맨 3〉의 로버트 다우니 주니어 내한 당시, 트위터를 통해서 1만 3,315개의 관련 트윗(4/5~4/10, 6일 간)이 작성되었다. 이는 다른 영화 대비 매우 높은 트윗률로 집계되는데, 유사 장르의 영화인 〈다크 나이트 라이즈〉는 7,236건, 〈아이언맨 2〉는 5,369건, 〈토르〉는 3,036건의 트윗이 교환되었다.

17 원문은 다음과 같다. "Market always change faster than marketing."(Kumar, 2004, 1쪽).

참고문헌

강홍렬 외(2011), 《스마트 TV와 미디어 시대의 패러다임 변화》, 정보통신정책
　　연구원.

고정민 외(2005), "한류 지속화를 위한 방안", 〈이슈 페이퍼〉, 삼성경제연구소.

권호영 외(1996), "방송사의 경영성과 분석 및 지표개발", 한국방송개발원.

권호영·김영수(2009), "온라인 TV의 경쟁 구도와 정책방향". 〈KBI 이슈 리포
　　트〉.

권호영, 김종하 외(2013), 《PP 편성 전략 연구》. 한국콘텐츠진흥원.

김도연(2006), 〈융합 환경에서의 방송산업 시장획정 방법 및 규제개선에 관한
　　연구〉, 한국방송광고공사 연구보고서.

김동건(2008), 《비용·편익 분석》, 박영사.

김미경·안재현·박창희(2009), "인터넷 VOD 드라마 시청요인에 관한 연구".
　　〈한국언론학보〉, 53(1), 348~367쪽.

김병철(2014. 3. 14), "네이버 '뉴스스탠드 이용률' 고작 3%", 〈미디어오늘〉.

김 숙(2012), "비선형 매체 등장에 따른 방송 드라마의 창구화 통합 모형: 수요
　　와 공급이 창구화 행위에 미치는 영향을 중심으로". 이화여자대학교 박사
　　학위논문.

김종하(2008), "미디어기업의 국제다각화 행위와 성과에 영향을 미치는 기업자
　　원요인에 관한 연구: 162개 글로벌 미디어 기업을 중심으로", 이화여자대
　　학교대학원 박사학위 논문.

김종하(2012), 《콘텐츠비지니스입문》. 커뮤니케이션북스.

김종하(2013), "N스크린 환경에서 다중미디어를 활용한 TV프로그램 이용행태
　　연구", 《만화애니메이션연구》.

김종하(2014), 《콘텐츠마케팅》. 커뮤니케이션북스.

김지운·정회경(2005), 《미디어 경제학: 이론과 실제》, 커뮤니케이션북스.

문화체육관광부(2010), 〈창조산업 코리아 2010: 콘텐츠·미디어·제조·서비스

의 상생발전 전략〉.

미래창조과학부·방송통신위원회(2013), 〈2013년 방송산업 실태조사 보고서〉.

박소라(2004), "변화하는 미디어 시장과 텔레비전 프로그램 유통체계의 변화",
〈TV 드라마 경쟁력 제고 방안과 과제〉, 2004. 10. 29. 여의도 클럽 세미
나 발제문.

방송통신위원회(2005~2013), 〈방송산업실태조사〉.

방송통신위원회 사이트 www.kcc.go.kr

백강녕(2014), "카카오 - 다음 합병의 의미와 생존 전략, 메신저가 콘텐츠를 만
나 골리앗과 싸울 준비 끝!", 《신문과 방송》, 7월호, 83~86쪽.

백나영(2014. 4. 30), "본방 시청률 낮아도 VOD 인기 높은 프로 많아: 방통위,
스마트미디어 시청점유율 시범조사 결과 발표", 〈아이뉴스24〉 뉴스.

심미선(2005), "지상파 텔레비전에서의 프로그램 레퍼토리 연구: 평일, 주말 저
녁 시간대를 중심으로", 〈한국방송학보〉, 19권 2호. 85~125쪽.

안광호·권익현·임병훈(2012), 《마케팅》, 북넷.

양성희(2014. 7. 22.), "방송사 위협하는 IT공룡들: 거실을 점령하라 TV삼키는
구글, 애플, 아마존", 〈중앙일보〉 14면.

여론집중도조사위원회(2013), 〈여론집중도 조사보고서〉.

여현철·김영수(2010), "국내 프로그램 공급업의 산업조직론적 분석", 《한국콘
텐츠학회논문지》, 10권 5호, 229~240쪽.

연보영·임성원(2009), "케이블TV의 방송콘텐츠 재활용 성과에 관한 연구: 지상
파 드라마와 오리지널 드라마의 비교를 중심으로", 〈언론과학연구〉, 9권
1호, 121~161쪽.

영화진흥위원회 www.kofic.or.kr

오정호(2007), "다각화 및 기업결합, 장르, 편성행위와 수익성: 방송채널사용사
업자를 중심으로", 《한국방송학보》, 21권 6호, 247~277쪽.

유창재(2014. 2. 13), "美 컴캐스트, 타임워너 48조 원에 인수⋯ 업계 1·2위 간
합병 '케이블 공룡' 탄생", 〈한국경제〉 국제면.

윤충환·이인찬(2001), "유선방송시장에서의 경쟁권역과 독점권역의 특성비교",
〈산업조직연구〉, 9권 4호, 95~108쪽.

윤홍근(2009), 《미디어 마케팅》. 한울아카데미.

이문행(2010), "국내 방송콘텐츠 유통시장의 구조적 특성", 〈한국콘텐츠학회논

문지〉, 10권 9호, 146~154쪽.

이상규(2010), "양면시장의 정의 및 조건", 〈정보통신정책연구〉, 제17권 제4호, 73~105쪽.

이상기(2010), "올림픽과 월드컵의 독점 중계권, 현실과 문제", 《여의도저널》, 통권 제19호. 14~34쪽.

이상우·김창완(2009), "IPTV-VOD 서비스 선택의 결정요인 분석". 〈한국언론정보학보〉, 46호, 9~36쪽.

이수일·김정욱·조숙진(2008), "IPTV 도입에 따른 방송시장획정 및 경쟁제한행위 사례 연구", 공정거래위원회.

이영미(2010), "방송채널사용사업자의 수평적 결합 규제 완화에 따른 성과 차이에 관한 연구". 《방송통신연구》, 통권 71호, 231~259쪽.

이재현(2005), "인터넷, 전통적 미디어, 그리고 생활시간패턴: 시간 재할당 가설의 제안". 〈한국언론학보〉, 49권 2호, 224~255쪽.

이지홍·김민희(2014. 2. 19), "K-pop과 드라마 검색 데이터로 본 한류의 현주소". 〈LG Business Insight〉.

임정수(2012), 《영상미디어산업의 이해》, 한울아카데미.

장병희(2013), 《미디어 경제학》, 커뮤니케이션북스.

장용호(1997), "방송형 뉴미디어의 비순수 공공재 모형", 〈한국방송학보〉, 한국방송학회, 8호, 5~34쪽.

정윤경(2001), "국내 지상파 텔레비전 프로그램의 후속 시장 진입 성과에 관한 연구", 이화여자대학교 박사학위 논문.

정준희(2010), "소셜 미디어와 융합된 신개념 방송서비스", 〈해외방송정보〉, 2010년 8월호.

정회경(2012), 《미디어 경영 경제》. 커뮤니케이션북스.

주영호·황성연(2007), "지상파 후속 시장으로서 케이블 방송", 한국방송학회 2007 봄철 정기학술대회, 281~283쪽.

지디넷 코리아 www.zdnet.co.kr(2013. 11. 14.)

최성범(2013), 《미디어 경영》, 커뮤니케이션북스.

최성진·이광직(2007), "디지털다매체 시대에 방송콘텐츠의 제작 및 유통에 관한 연구". 한국방송광고공사.

최양수·조성호(1996), 《한국형 프로그램 유통전문업체 육성방안 연구》, 한국방송개발원.

한국방송개발원(1997), 《방송 프로그램의 국제 경쟁력 제고방안 연구》.

한국방송광고진흥공사 www. kobaco. co. kr

한국콘텐츠진흥원(2013a), 〈2013 콘텐츠 산업통계〉.

_____(2013b), 〈2013 해외콘텐츠진흥원 동향조사〉(총괄편).

_____(2013c), 〈2013 방송영상산업백서〉.

_____(2013d), "이슈포커스: 스마트미디어 시대의 콘텐츠 생태계 변화에 따른 글로벌 콘텐츠 기업의 대응 전략", 〈동향과 전망: 방송·통신·전파〉, 통권 제63호, 5~23쪽.

_____(2014), 〈문화콘텐츠 해외진출 방안〉.

한은영(2011), "Netflix와 Hulu의 해외 진출 분석 및 시사점". 〈정보통신정책연구〉, 제 23권 20호(통권 519호).

Aaker, David A. (1991), *Managing Brand Equity*: *Capitalizing on the Value of a Brand Name*, The Free Press, N. Y.

Al Ries, J. T., 이수정 역(2008), 《마케팅불변의 법칙》, 비즈니스맵.

Albarran, A. B & Dimmick, J. (1996), "Concentration and economies of multiformity in the communication industries", *The Journal of Media Economics*, 9(4), pp. 41~50.

Amit, R. & Schoemaker, P. (1993), "Strategic assets and organizational rent", *Strategic Management Journal*, 14, pp. 33~46.

Barney, J. B. (1991), "Firm resources and sustained competitive advantage", *Journal of Management*, 17, pp. 99~120.

Barney, J. B. (1997), *Gaining and Sustaining Competitive Advantage*, MA: AddisonWesley Publishing Company.

Benjamin, T. and John Z., (1980), *Top Management Strategy*, Simon and Schuster.

Caves, R. E. (2000), *Creative Industries: Contracts between Art and Commerce*, Cambridge: Harvard University Press.

Chamberlin, E. H. (1933), *The Theory of Monopolistic Competition: A Re-orien-*

tation of the Theory of Value (8th ed. 1965), Harvard University Press.

Copland, M. T. (1923), Relation of consumer's buying habit to marketing method, *Harvard Business Review*, April 1923, pp. 282~289.

Doyle, G. (2006), *Understanding Media Economics*, SAGE.

Engel, J. F., Blackwell, R. D. and Miniard, P. W. (1990), *Consumer Behavior* (6th ed.), The Drydem Press. pp. 485~486.

Evans, D. S. & Schmalensee, R. (2008), "Markets with Two-Sided Platforms", *Competition Law and Policy, 1*, chapter 28.

Evans, D. S. (2003), "The Antitrust Economics of Multi-Sided Platform Markets", *Yale Journal on Regulation, 20*, pp. 325~382.

Gomery, D. (1989), "Media economics: Terms of analysis", *Critical Studies in Media Communication, 6* (1), pp. 43~60.

Harvard Business School Henry Mintzberg (1994), *The Rise and Fall of Strategic Planning*, Basic Books.

Hoskins, C., McFadyen, S., & Finn, A. (2013), *Media Economics: Applying Economics to New and Traditional Media*, SAGE, 장병희 역 (2014), 《미디어 경제학: 뉴미디어와 전통미디어에 대한 경제학 적용》, 커뮤니케이션북스.

Joe Pulizzi (2014) *Epic Content Marketing: How to Tell a Different Story, Break through the Clutter, and Win More Customers by Marketing Less.* McGraw-Hill education books.

Kim, Eun-mee & Park, Sora (2008), "Distributing TV dramas in the digital environment: a Korean case", *Asian Journal of Communication, 18* (2), pp. 137~154.

Kotler Philip (2000), *Marketing Management*, Prentice Hall: NJ.

Krugman. P., & R. Wells (2008), *Economics*, Worth Publishers, 김재영·박대근·전병헌 역 (2008), 《크루그먼의 경제학》, 시그마프레스.

Lacy, S. (1992), "The financial commitment approach to news media competition", *Journal of Media Economics, 5* (2), pp. 5~21.

Lafley A. G. & Roger L. Martin (2013), *Playing to Win: How Strategy Really Works*, Harvard Business School Publishing corporation.

Lotz. D. A. (2007), *The Television Will Be Revolutionized*, New York University Press.

McComb, M. E. (1972), "Mass media in the marketplace", *Journalism Monographs*, 24, 1~104.

Michael E. Porter (1986), *Competitive Strategy*, Harvard Business School Press.

_____ (1996), "What is strategy?", *Harvard Business Review*, Prod. #: 96608-PDF-ENG.

Owen. B. M. & S. S. Wildman (1992), *Video Economics*, Cambridge, MA: Harvard University Press.

Park, Sora & Kim, Byoung Sun (2004), "Pricing strategies of internet VOD services and its impact on the television viewing in Korea", 6th World Media Economics Conference.

Park, Sora (1998), "The life cycle of network primetime programs: the effects of performance, the aftermarket and risk", Doctoral Dissertation, Northwestern University.

Penrose, E. T. (1998), *The Theory of the Growth of the Firm*, Basil: Blackwell & Mott, the original version is published at New York: Wiley (1959년 버전은 Oxford, England: Blackwell).

Picard, R. G. (1989), *Media Economics: Concepts and Issues* (Vol. 22), Sage Publications, 김지운 역 (1992), 《미디어 경제학》, 나남.

Porter, M. E. (1980), *Competitive strategy*, (Ed. 1985) Free Press, New York.

Prahalad. C. K. & Hamel, G. (1990), "The core competence of the corporation", *Harvard Business Review*, 68 (3), pp. 79~91.

Robinson, J. (1933), *The Economics of Imperfect Competition* (2nd ed. 1969), London: Macmillan.

Rochet, J. C. & Tirole J. (2004), *Defining Two-Sided Markets*, mimeo.

Schement, J., Gonzalez, I., Lewes, P., & Valencia, R. (1984), "The international flow of television programs", *Communication Research*, 11 (2), 163~182.

Thomas H. Davenport, Jeanne G. Harris, & Robert Morison (2010),

Analytics at Work : Smarter Decisions, Better Results, Harvard Business School Publishing corporation.

Todreas, T. M. (1999), *Value Creation and Branding in Television's Digital Age*, Westport, Connecticut : Quorum Books.

Ulin, J. (2010), *The Business of Media Distribution*, Focal Press.

Van Den Dam (2010), "How social media is redefining broadcasting", *Broadcast Engineering*, May 1, 2010.

W. Chan Kim & Renee A. Mauborgne (2005), *Blue Ocean Strategy : How to Create Uncontested Market Space and Make the Competition Irrelevant*, Harvard Business Review.

Waterman, D. & Grant A. (1991), "Cable Television as an Aftermarket", *Journal of Broadcasting & Electronic Media*, 35 (2), pp. 179~188.

Wernerfelt, B. (1984), "A resource-based view of the firm", *Strategic Management Journal*, 5, pp. 171~180.

Wildman, S. S. (1994), "One-way flows and the economics of audience-making", *Audiencemaking: How the Media Create the Audience*, pp. 115~141.

Wildman, S. S., & Robinson, K, S. (1995), "Network programming and off-network syndication profits: Strategic links and implication for television policy", *Journal of Media Economics*, 8 (2), 27~48.

Zaltman, G. & Wallendorf, M. (1983), *Consumer Behavior : Basic Findings and Management Implications*, John Wiley & Sons., 318.

저자소개

유세경

이화여자대학교에서 신문방송학을 공부하고 텍사스대학교 오스틴캠퍼스 Radio-TV-Film학과에서 MA를 취득하였다. 같은 대학에서 저널리즘 박사학위(Ph. D)를 받았다. SBS 편성국 연구위원을 지내고 현재 이화여대 언론홍보영상학부 교수로 재직 중이다. 한국 방송학회 학술대회 조직위원장, 한국 방송학보 편집위원장, 한국여성커뮤니케이션 학회장을 지냈다. 저서로는 《매스미디어와 현대정치》(편저), 《인간과 커뮤니케이션》(공저), 《방송학 원론》, 《글로벌 커뮤니케이션》 등이 있다. 주요 연구분야는 미디어 경제학, 글로벌 커뮤니케이션, 방송영상 경영/편성이다.

김종하

한라대학교 미디어 콘텐츠학과 교수. 지난 20년 간 N스크린 콘텐츠 기획(TV, 모바일, Web), 영상콘텐츠 제작 및 계약, 콘텐츠 펀드 투자 및 운용의 현장과 학계를 연계해온 이론과 실무를 겸비한 전문가다. 한국언론학회 이사 및 여성커뮤니케이션학회 이사, 방송문화진흥회 한류 국제 학술대회 조직위원 등을 역임하며 콘텐츠에 대한 연구와 국내 콘텐츠의 글로벌 진출에 기여하고 있다. 저서로 《양방향 기능의 보완으로서 PVR서비스에 대한 연구》, 《콘텐츠비지니스입문》, *Study on Major Determinants for Viewers' Behavior and Effects of*

Global TV Channels, 《글로벌 미디어의 아시아 경영》, 《DEA 및 Post-DEA분석을 통한 유료 방송 기업의 상대적 경영 효율성 연구》, 《3D 콘텐츠 수용의 의미와 이용확산에 대한 탐색적 연구》, 《100대 글로벌 미디어기업의 국제다각화 성과에 영향을 미치는 기업자원 및 환경자원 분석》, 《미디어기업경영에서 창조의 투입과 산출 메커니즘 분석》 등이 있다.

김 숙

이화여자대학교에서 언론학으로 박사학위를 받았으며, MBC시청자연구소를 거쳐 현재 종합편성채널인 채널A에서 시청률 분석 업무를 하고 있다. 주요 연구 분야는 미디어 시장의 '콘텐츠-사업자-이용자' 3요소와 관련한 이슈이다. 최근에는 뉴미디어 시장의 콘텐츠 유통과 미디어경영, 그리고 콘텐츠 이용자 등에 관심을 갖고 있다. 주요 논문으로는 박사학위 논문인 "비선형 매체 등장에 따른 방송드라마의 창구화 통합 모형: 수요와 공급이 창구화 행위에 미치는 영향을 중심으로"가 있으며, 그 외 "드라마 특성에 따른 선형매체와 비선형매체에서의 이용성과에 관한 연구", "드라마 시청률에 영향을 미치는 요인에 관한 연구: 외주 제작 드라마의 생산 요소들을 중심으로" 등이 있다.